|XS|

Zwar ist Sexualität als Reproduktions- und Kommunikationsschema omnipräsent und wird politisch, akademisch und medial beackert; doch die »Aushandlung« von Fragen der Care-Arbeit, der partnerschaftlichen Arbeitsteilung, der Erziehung, des »Sich-Anfühlens« sexueller Interaktion, von Rollenmustern und Selbstverständnissen, Beziehungskonzepten und angeblich verinnerlichten Stereotypen wird nicht betrieben, um zu eigenen Lebzeiten Schluss mit allem zu machen, was die Individuen in der Entfaltung ihrer geistigen und sinnlichen Fähigkeiten behindert, auf dass die Einzelnen jeden Geschlechts widerstreitend miteinander verbunden endlich tun können, was ihnen Lust bereitet.
Vielmehr ist der in flachen Hierarchien und auf Augenhöhe unter Vermeidung jeder Anstößigkeit kooperativ organisierte Gender-Diskurs eine Arbeit an der Liquidierung des Sexus als einer allen Menschen zugänglichen, geschlechtertranszendierenden Möglichkeit von Erfahrung.

Magnus Klaue lebt als freier Autor in Leipzig.

Magnus Klaue

Die Antiquiertheit des Sexus

Band II

Von der Stilllegung der Lust und der Verachtung des Lebendigen

XS-Verlag

1. Auflage 2022

Satz: Silberstein Produktion
Umschlagentwurf: Jenny Dam
Druck: CPI
Printed in Germany

ISBN 978-3-944503-16-5

Peut-on habiter un corps auquel tout l'espace intérieur et extérieur est disputé?

Catherine Millet

Inhalt

Prolog: Männer von links	11
Unlust am Anderen	24
Lächerliche Geschlechter	40
Karneval der Differenzen	59
Verflüssigte Männer	73
Das liquidierte Triebschicksal	94
Doof geboren ist keiner	117
Vollendete Abtreibung	154
Der Schwarze Mann und der Mob	173
Der Hass auf die Gleichen	190
Epilog: Frauen von rechts	207
Postscriptum	221

Prolog: Männer von links

Als Hedwig Dohm 1902 ihr Pamphlet *Die Antifeministen* veröffentlichte, antwortete sie mit der Wahl des Titels auf eine heute der Vergessenheit anheimgefallene Tatsache. Bevor Frauen begannen, sich als Feministinnen zu bezeichnen, war der Begriff ein Schimpfwort derer, die stolz darauf waren, zu sein, was Dohm ihnen attestierte: Frauenfeinde. Ihre Kampfschrift nannte sie »Ein Buch der Verteidigung«, um deutlich zu machen, dass sie sich nicht darum beworben hatte, die Haltung der Polemikerin einzunehmen, die ihr vielmehr jene – Männer wie Frauen – aufgezwungen hatten, welche Frauenrechtlerinnen, die für eine Sache kämpfen, zu Feministinnen erklärten, die ein weibliches Befinden einklagten. Indem sie die, von denen sie als Feministin beschimpft wurde, Antifeministen nannte, vollzog Dohm eine Gegenidentifikation: eine polemische Affirmation des ihr Aufgezwungenen, die in destruktiver Bejahung mit dem Bejahten dessen Gegenteil zerstören wollte, um allererst die Bedingungen für ein freies Verhältnis der Geschlechter zu schaffen. Dabei bestand Dohm gegen ihre Kritiker darauf, gerade dort, wo sie angeblich persönlich werde, sachlich zu sein: »Die von mir gewählten Vertreter des Antifeminismus kenne ich ja gar nicht. Es mögen charakter- und gemütvolle Persönlichkeiten, meinetwegen Menschen zum Verlieben sein, auch in ihren Schriften mag neben dem, was mich entrüstet, Gutes und Schönes stehen, das geht mich gar nichts an. Ich wende mich nicht gegen Personen, sondern gegen Ideen, ich schreibe keine Kritiken, meine Feder ist nur mein Schild zur Abwehr der tödlichen Streiche, die man gegen mich als Weib führt.«[1] Als »Weib« wohlgemerkt, nicht als Frau: Das Weib ist die ökonomisch, politisch und psychisch auf ihren Gattungsstatus zurückgeworfene, durch Idealisierung wie Verachtung in ihre Geschlechtsnatur eingesperrte, *gesellschaftlich asozialisierte* Frau.

Die von Dohm vorgenommene Unterteilung der Antifeministen in »Altgläubige«, »Herrenrechtler«, »praktische Egoisten« und »Ritter der *mater dolorosa*« ist vorbildlich geschlechtertranszendent. Die Altgläubigen streben, »den Gedankeninhalt vergangener Jahrhunderte für alle Ewigkeit festzuhalten«, und unterschieben der Geschichte »Naturgesetze«; die Herrenrechtler verweigern der Frau die Bürgerrechte und pochen auf die Rechte der Männer »als auf die himmlischen«; der praktische Egoist fürchtet in der Frau »die Konkurrenz beim Broterwerb, sieht aber zugleich in der Erwerbsfrau die Zerstörerin seiner häuslichen Behaglichkeit«; die Ritter der *mater dolorosa* schließlich sehen sich als »Schutzengel, die ihre Götterhände über das gequälte Weib halten«, und wünschen sich die Frau als ewiges Opfer, um sie ewig retten zu können.[2] Für alle vier Haltungen, die Dohm anhand des Schrifttums von Nietzsche bis Maupassant, von Schopenhauer bis Paul Julius Möbius entfaltet, fand sie weibliche Pendants, denen sie sich unter der Überschrift »Weib contra Weib« widmete. Die Schriftstellerin Laura Marholm etwa, die predigte, dass die Frau »eine Kapsel über einer Leere« sei, »die erst der Mann kommen muß zu füllen«; oder die Reformpädagogin Ellen Key, die Frauenrechtlerinnen vorwarf, ihre Geschlechtsgenossinnen »männlicher, energischer« erziehen zu wollen. Besonders schlecht kommt Lou Andreas-Salomé weg, die alle Charakteristika des Antifeministen in sich vereinige, indem sie die Frau als von Natur aus rechtloses, dem Erwerbsleben inkommensurables, Schutz gewährendes wie schutzbedürftiges Wesen nicht etwa denunziere, sondern anhimmele, wenn sie schreibe: »Die Frau hat eine intaktere Harmonie, sicherere Rundung [als der Mann], eine ruhende, größere vorläufigere Vollendung und Lückenlosigkeit [...]. Ihre Kräfte schlagen gleichsam in den eigenen Mittelpunkt zurück und vollenden sich in ihrer Selbstbeschränkung [...]. Im Weib scheint sich alles ins Leben hinein, nichts aus ihm heraus entladen zu sollen: es ist, als kreise in ihm das Leben gleichsam innerhalb seiner eigenen Rundung, als dürfe es ohne Wunde und Verletzung so wenig daraus austreten wie Blut aus der Körperhaut«.[3] Auf diese Eloge anatomischer Inferiorität antwortete Dohm mit einer ganz anderen Hymne, die die Differenz zwischen den Frauenrechtlerinnen der vorletzten Jahrhundertwende und den darauf folgenden Frauenbewegungen markiert: »Wie käme ich dazu, meine ganz individuelle Veranlagung zum Maßstab der ganzen Frauenwelt zu machen? Damit verfiele ich ja in den Fehler der Frauen, die mit sich alle anderen Frauen identifizieren. Nein, die Frauen in ihrer Gesamtheit lassen sich nicht unter einen Hut bringen. Sehe und erfahre ich nicht täglich, daß es auch völlig anders geartete Frauen gibt, Frauen wie Sturm und Feuer? Es gibt Amazonen und Opferlämmer, Hypatias und liebe einfache Hausmütterchen, – und alle wollen sich nach ihrer Wesensart betätigen und alle haben Recht«.[4] Frauen müssen demnach nicht Feministinnen sein, nur weil sie Frauen sind. Der Kampf der Frauenrechtlerinnen, wie Dohm ihn verstand, zielte auf die Herstellung eines Zustandes, in dem Frauen aus freiem Entschluss ihre selbstgesetzten Zwecke verwirklichen könnten, und ging deshalb alle Frauen wie Männer an. Dohms Ablehnung jeglichen positiven Rekurses auf ein weibliches Kollektivsubjekt war dadurch universalistisch, dass sie die unteilbare Gültigkeit des Rechts als Bedingung des freien Hervortretens der Unterschiede geltend machte, die stets individuelle statt partikulare sind.

Anders als heutige Feministinnen, für die Frauenrechte Sonderrechte sind, verstand Dohm die Aufgabe der Frauenrechtlerinnen darin, gleiche Rechte für alle Frauen statt sogenannte Frauenrechte einzuklagen. Als Menschen, nicht als Angehörige einer gesetzlich besonders geschützten Gruppe, sollten die Frauen Träger unveräußerlicher Rechte und den Männern gleichgestellt sein, deren Rechte von Gewohnheitsrechten zu bürgerlichen Rechten zu *depotenzieren* und damit wahrhaft zu verallgemeinern wären. Die Plausibilität dieser Forderung einzusehen, ohne sich mit den Frauenrechtlerinnen gemein zu machen, gelang, als Dohm ihre Texte veröffentlichte, Männern, die sich so wenig wie Dohm bekenntnishaft als Feministen bezeichnet hätten. Der von der Lebensphilosophie kommende Theodor Lessing, der als junger Mann mit Ludwig Klages befreundet war und Nietzsche verehrte, wies nicht allein in dem 1930 erschienen Buch *Der jüdische Selbsthaß* anhand von Otto Weiningers *Geist und Geschlecht* auf Zusammenhänge zwischen Judenhaß und Frauenverachtung hin,[5] sondern hatte schon seit der Jahrhundertwende die Ziele der Frauenrechtlerinnen verteidigt, indem er die Behauptung einer geringeren weiblichen Intelligenz widerlegte und den verächtlichen Gestus populärer Weiblichkeitsbilder sowie die entmündigende Wirkung weiblicher Hausarbeit kritisierte.[6] So wenig wie Arthur Schnitzler, der von der 1900 veröffentlichten Erzählung *Frau Berta Garlan* an über *Frau Beate und ihr Sohn* (1913) und *Fräulein Else* (1924) bis zu seinem letzten, 1928 erschienenen Roman *Therese* in Rückerinnerung an Flauberts *Madame Bovary* die zerbrochenen, stumm gebliebenen Lebensgeschichten von Frauen als Kristallisation einer sprachlosen gesellschaftlichen Ohnmacht entziffert hat, war Lessing ein Bekenntnisfeminist. Beider Blick auf das Geschlechterverhältnis als Symptom unabgegoltener Freiheit entsprang vielmehr ihrer Nähe zum Kritisierten, das ihnen aus Fühlung mit der Sache heraus bestens vertraut war. Der Tradition, in der Lessing schrieb, entstammten die organizistischen Dogmen der Geschlechtermeta physik seiner Zeit; Schnitzler hat im Elend alleinstehender, den Ansprüchen zugedachter Liebhaber ausgesetzter Frauen Erfahrungen verarbeitet, die er im gewohnheitsmäßigen Umgang mit Mätressen sammelte. Karl Kraus, der in seinen 1908 unter dem Titel *Sittlichkeit und Kriminalität* erschienenen Darstellungen von Gerichtsprozessen gegen Prostituierte die im Rechtsstatus der Frau zum Ausdruck kommende Sexualverachtung angegriffen hat, war ein Gegner der Frauenbewegung, der er die Verwechslung von Gleichstellung mit Freiheit vorwarf. Es war der Widerspruch zwischen Distanz und Nähe, der Kraus und andere Männer immer wieder auf die »Frauenfrage« zurückkommen ließ und ihnen Einsichten ermöglichte, die ähnlich scharf damals nur Hedwig Dohm formuliert hat, welche sich ebenso wenig dem »bürgerlichen« oder »sozialistischen« Flügel der Frauenbewegung zuordnen ließ, wie Kraus, Schnitzler und Lessing als »Sozialisten« oder »Bürgerliche« hätten gelten können.

Dass Männer sich nicht nur selber völlig unironisch Feministen nennen, sondern sich mit diesem Bekenntnis auch noch offensiv bei vermeintlich gleichgesinnten Frauen andienen, lässt sich als Massenphänomen erst seit den 1970er Jahren beobachten. Ein 1977 geführtes Gespräch Herbert Marcuses mit den Literaturwissenschaftlerinnen Silvia Bovenschen und Marianne Schuller bezeugt eindrucksvoll, wie Frauen sich in dieser Konstellation im Namen individueller Freiheit gegen ihre wohlwollende *Herabsetzung zu Feministinnen* wehren mussten. Marcuse, der sich wie als Freund diverser »sozialer Bewegungen« auch als Sympathisant der Zweiten Frauenbewegung verstand, sah den weiblichen Sozialcharakter emphatisch durch »Passivität« und »Rezeptivität« bestimmt, die keine »Synonyme für Unterwürfigkeit«, sondern subversive Kräfte seien: »Protest gegen destruktive Produktivität, gegen Aggression, Leistungsprinzip.«[7] Wie der rückschrittliche Teil der

Zweiten Frauenbewegung, dessen Vertreterinnen in aller gesellschaftlichen Produktion die verschüttete weibliche Erfahrung als unerkanntes, aber omnipräsentes Bewegungsprinzip sichtbar machen wollten, mühte Marcuse sich zu zeigen, dass hinter jedem großen Mann eine nicht minder, sondern irgendwie anders große Frau stecke: »Nehmen wir ein Beispiel, das mir gerade einfällt: das Verhältnis zwischen Flaubert und Louise Colet. Flaubert hat ihr sozusagen jeden geschriebenen Satz vorgelegt. Sie hat kommentiert.«[8] Obwohl Bovenschen und Schuller dieses Exempel mit dem noch recht freundlichen Hinweis quittierten, dabei handele es sich um »eine höchst mittelbare Teilnahme am kulturellen Prozeß«, ließ Marcuse nicht davon ab, in »weiblichen Erfahrungen« und »weiblicher Produktivität« neben den Spuren von Herrschaft auch ein Subversives, potentiell Revolutionäres auszumachen, das der bürgerlich-patriarchalischen Gesellschaft zuwiderlaufende Qualitäten zu entfesseln vermöchte. Deutete Marcuse die Geschichte des Weiblichen, die es zu rekonstruieren gelte, als Gegengeschichte zur bürgerlichen Historiographie, hielten Schuller und Bovenschen gegen ihn fest, es handele sich um eine »Negativ-Geschichte«, und konstatierten zur Enttäuschung künftiger Gender-Akademikerinnen: »Die Darstellung einer kämpfenden Frau bei Delacroix etwa unterscheidet sich gravierend von den Frauendarstellungen Monets. *Es gibt da eine enorme Vielfalt*, eine Vielfalt allerdings, die sich disproportional verhält zu dem, was die realen Frauen in dieser Sphäre gemacht haben – nämlich *fast gar nichts*.«[9] Nicht eine unsichtbar gemachte weibliche Vielfalt steht demnach einem monolithischen männlichen Herrschaftsdiskurs gegenüber, der sich als vielfältig lediglich maskiert, sondern *die entfaltete Vielfalt der von Männern hervorgebrachten Produktions- und Ausdrucksformen ist das Reale*, in dem die Produktion von Frauen für lange Zeit einfach nicht vorgekommen ist. Diese Tatsache, an der sich nichts mehr ändern lasst, als Geschäftsgrundlage der eigenen Arbeit hinzunehmen, wäre das Erste, was Frauen und Männer im Sinn einer besseren Gesellschaft, in der die Differenz der Geschlechter nicht verschwunden, sondern aufgehoben wäre, gegeneinander vereint zu leisten hätten.

Das seit den 1970er Jahren massenhafte Aufkommen von Männern, die sich ostentativ mit dem Feminismus solidarisieren, lässt sich als Dementi solch vereinten Gegeneinanders deuten. Schwang in Marcuses Unverständnis gegenüber der Weigerung seiner Schülerinnen, sich von ihm zu Statthaltern einer besseren Welt ernennen zu lassen, die Enttäuschung des Mentors mit, der nicht damit klarkommt, dass der Nachwuchs sein Denken gegen ihn selbst beim Wort nimmt, mutierte das feministische Bekenntnis bei Männern der Generation von Schuller und Bovenschen zum Ausdruck totalisierter Konkurrenz. Während sich jene noch gegen Marcuses Insinuation verwahrten, dass aus der Perspektive einer freien Gesellschaft »die Bedürfnisse des Mannes auch die der Frau« seien[10], worin sie eine Projektion abzuschaffender Verhältnisse auf die vermeintlich bessere Zukunft erkannten, redete und schrieb zur gleichen Zeit Klaus Theweleit schon wie einer, der in sich selbst die weibliche (und jüdische, schwarze, indianische ...) Erfahrung so reich zum Sprießen gebracht hat, dass er vereint mit den Frauen zum Kampf gegen den Mann in uns allen antreten kann, der immer ein Faschist ist. Theweleit, nicht Marcuse lancierte 1977/78 in den *Männerphantasien* das Gerücht vom psychogenetischen Zwangszusammenhang zwischen Maskulinität und Faschismus, indem er den preußischen Sozialcharakter des soldatischen Mannes auf den durchaus unpreußischen Nationalsozialismus und diesen auf eine diffus-allgegenwärtige Männlichkeit projizierte.[11] Dieser Trick, mit dem sich im gleichen Atemzug die Vernichtung der europäischen Juden als Kollateralschaden beim Geschlechterkampf verharmlosen und die tätige Mitschuld zahlloser Frauen am Nationalsozialismus leugnen lässt, hat sich als derart attraktiv erwiesen, dass sich vom notorischen Männlichkeitstherapeuten Rolf Pohl bis zur »Incel-Expertin« Veronika Kracher alle seiner bedienen. Mit dem Unterschied nur, dass es kaum noch Frauen gibt, die gegenüber der aktiven Aneignung maskulinitätskritischer Kernkompetenzen durch gendersensible Männer irgendwelche Skepsis hegen. Nicht mehr der auf seine Gewohnheitsrechte pochende bürgerliche Mann ist heute der Gegner von Frauen, die die Prinzipien von Gleichheit und Freiheit gegen ihn einklagen, sondern genderpolitisch auf Linie gebrachte Frauen und Männer diversen Geschlechts schließen die Reihen im Kampf gegen männliche wie weibliche weiße alte Säcke, die den Kampf von damals ernstnehmen, statt ihn für die eigenen Ressentiments zu instrumentalisieren.

Exemplarisch für diesen Habitus ist Thomas Meinecke, der in dem Text »Wie ich Feminist wurde« 2015 unter Beweis stellte, dass Streit zwischen Frauen und Männern unter dem Vorzeichen des Gender-Feminismus nicht mehr auf die im Widerspruch gegen den Anderen gewonnene geteilte Einsicht, sondern auf bedingungs- und einsichtslose Konversion zielt.[12] 1998, so Meinecke, habe er sich »zum ersten Mal öffentlich als Feministen bezeichnet« und sich dadurch »anrüchig« gemacht, was aber nur der Endpunkt einer langjährigen Diskriminierung gewesen sei, die er wegen seiner prekären Unmännlichkeit habe durchleben müssen: »Bereits als Oberschüler musste ich für viele Bücher, die mich ansprachen [...], in Schwulenbuchhandlungen gehen. Wobei es eine solche in meiner Heimatstadt Hamburg damals noch gar nicht gab; ich musste zunächst eine Frauenbuchhandlung [...] aufsuchen [...]. Bevor ich zur Welt kam, ließen sich meine Eltern von dem die Schwangerschaft meiner Mutter begleitenden Arzt anhand meiner Herztöne erklären, sie würden eine Tochter bekommen. Tatsächlich wurde ich auch meine ersten Lebensjahre hindurch häufig als Mädchen eingestuft [...]. Dies wird mich womöglich dazu gebracht haben, die von der Norm abweichende Anrede anzunehmen und ein polyvalentes Verhältnis zum Geschlechtlichen einzuüben. Die typischen Eigenschaften des aggressiv kämpferischen, stets um homosoziale Konkurrenz bemühten Jungen blieben mir jedenfalls völlig fremd. (Ich habe mich bis heute noch nie mit jemandem geprügelt.)« Was klingt wie die kriecherische Bemühung eines drögen Musterschülers, schon beim ersten Tinder-Date mit der sexpositiven LGBT-Aktivistin einen One-Night-Stand abzugreifen, ist in Wahrheit die Bewerbung um einen Dauerplatz auf den Longlists verständigungsorientierter Literaturpreiskomitees und Backlists weltoffener Buchverlage. Würde Meinecke nämlich einfach sagen, dass er zufällig ein Mann ist, sich trotzdem oft nicht so richtig wie einer fühlt, nicht weiß, was seine Bücher mit seinem Geschlecht zu tun haben, und hofft, dass sie vielleicht gerade deshalb gut sind, würde er unduldsam gelangweiltes Schulterzucken ernten. Um im Zeitalter der lustigen Liquidierung euro-logo-androzentrischer Heteronormativitätsmacker als supernetter Typ rüberzukommen, muss er glaubhaft bekunden, sein halbes Leben lang mit maskulistischen Rollenbildern gerungen zu haben: »In der Pubertät entwickelte sich mein Körper zunächst nicht meinen Erwartungen entsprechend, und es entstand vielleicht sogar so etwas wie *Gender Dysphoria*, als ich beim Kauf einer neuen Jeans in die Frauenabteilung geschickt wurde. [...] *Ironically* ließe sich rückblickend behaupten: Ich war quasi ein weiblicher Transsexueller – ein in einem Frauenkörper gefangener Mann.« Die unironisch Transsexuellen, die ihren Lebensunterhalt auf der Straße oder in schmierigen Szene-Etablissements verdienen, sind sicher dankbar, dass Thomas Meinecke nachempfinden kann, wie sie sich fühlen. Doch da sie sich selten offen äußern, muss er behelfsweise aus »einer Magisterarbeit über meine Romane« zitieren, um zu zeigen, dass sein Œuvre den Gender-Test mit »sehr gut« bestanden hat: »Immer wieder proklamiert er [Meinecke] für seine Texte feministische Qualitäten wie Durchlässigkeit, Offenheit, Unabgeschlossenheit. Das sprachliche Material durch sich hindurchgehen lassen, Diskurse zusammenflechten, verweben, verknoten, aber auch: sich darin bzw. diese in sich selbst verwickeln lassen, verweist auf eine spezifisch weibliche Ästhetik des Textilen, auf eine Metaphorik des Flechtens, Knüpfens, Strickens, Webens, die unmittelbar mit rhizomatischen Netzwerkmetaphern [...] korrespondiert.« Weil Meinecke seine Jeans früher in der Frauenabteilung gekauft hat, ist er beinah weiblich; weil er seine Texte strickt und knotet, statt sie zu schreiben, hat er mit einer schlesischen Weberin des 19. Jahrhunderts mehr gemeinsam als mit Rainald Goetz; und weil er so durchlässig ist, dass er mit seiner Arbeit nie fertig wird, weiß er sich den Frauen nahe, die auch immer alles Mögliche anfangen, ohne es zu Ende zu bringen. Dohm hätte für ihn in den *Antifeministen* eine fünfte Kategorie, den Geschlechter-Schleimer, einführen müssen.

Doch Meinecke, der »die durch ihren männlichen Ausgangspunkt kontaminierte Tätersprache [...] dekonstruieren« möchte und dabei einen »fließenden Standpunkt« einzunehmen behauptet, ist weder einfach Vertreter einer neuen Männlichkeit, die durch eilfertige Anbiederung an die Sache des Feminismus einen Standortvorteil beim Hauen und Stechen um die geeigneten Soft Skills zu erlangen gedenkt, noch ein politisch korrekt gezähmter Duckmäuser, der sich einem übermächtigen Feminat unterworfen hätte. Die Reinszenierung solcher Geschlechterkämpfe täuscht nur noch darüber hinweg, dass sich Frauen und Männer unter dem Vorzeichen von Gender- und Heteronormativitätskritik längst darauf geeinigt haben, die Geschlechterdifferenz und die ihr entspringende »Geschlechterspannung« (so der altmodische Titel eines 1990 erschienenen Buchs von Reimut Reiche) im

Namen einer *geschlechterübergreifenden* Stilllegung des Sexus zu liquidieren. Als Reproduktions- und Kommunikationsschema ist Sexualität zwar omnipräsent und wird politisch, akademisch und medial beackert: Die »Aushandlung« von Fragen der Care-Arbeit, partnerschaftlichen Arbeitsteilung, der Erziehung, des »Sich-Anfühlens« sexueller Interaktion, von Rollenmustern und Selbstverständnissen, Beziehungskonzepten und angeblich verinnerlichten Stereotypen wird jedoch nicht betrieben, um zu eigenen Lebzeiten Schluss mit allem zu machen, was die Individuen in der Entfaltung ihrer geistigen und sinnlichen Fähigkeiten behindert, auf dass die Einzelnen jeden Geschlechts widerstreitend miteinander verbunden endlich tun können, was ihnen Lust bereitet. Vielmehr ist der in flachen Hierarchien und auf Augenhöhe unter Vermeidung jeder Anstößigkeit kooperativ organisierte Gender-Diskurs eine Arbeit an der Tilgung des Sexus als einer allen Menschen zugänglichen, geschlechtertranszendierenden Möglichkeit von Erfahrung. Libidinös besetzt wird von den Subjekten heute nur noch, was den *Schwund* dieser Erfahrung ausdrückt: die sich als Mündigkeit auslebende Unmündigkeit, die als adäquates Erwachsensein anerkannte infantile Fixierung. Je mehr die Familie als abgegrenzte soziale Institution zerfällt, desto autoritärer formiert sich jede soziale Institution als familiärer Zwangsverband; der Boss, ob weiblich oder männlich, fungiert von der Grundschule bis hinauf ins Exzellenzcluster und hinab ins Mehrgenerationenhaus als die Mama, an deren Brüsten sich der lebenslang abhängige Nachwuchs gütlich tun kann, ohne dass das Dazwischentreten eines Vaters ihn mehr zwingt, sich fortan auf sich selbst zu verlassen. Weil »Gender« für die Liquidierung der Geschlechterspannung und damit der »Frauenfrage« im Namen einer entgrenzten totalitären Fürsorge steht, hat auch niemand, der sich auf diesen Begriff beruft, Probleme mit dem Islam, der qua Verschmelzung von Sexualität und Gewalt, Affekt und Herrschaft heute das effektivste und erbarmungsloseste Fürsorgeregime der Welt ist. So entdecken der linke Feminist und seine queere Partnerin in dem die Frauen wie Israel hassenden Muslim ihren Verwandten im Herzen, während die greise Frauenrechtlerin und der alte weiße Mann, die immer noch glauben, dass Frauen und Männer streiten müssen, um miteinander etwas unternehmen zu können, was das Leben aller schöner macht, als Bremser, Nörgler, Oberlehrer: als *Rechte* zum Abschuss freigegeben werden.

Anmerkungen

1 Hedwig Dohm, Die Antifeministen. Ein Buch der Verteidigung, Berlin 1902, 1.

2 Ebd., 5 ff.

3 Ebd., 80 ff.

4 Ebd., 121 f.

5 Vgl. Theodor Lessing, Der jüdische Selbsthaß, München 1984 (Nachdruck der 1. Auflage, Berlin 1930), 91: »Weib und Jude also, das waren für ihn [Weininger, M.K.] zwei verschiedene Namen für den Naturgrund, den er fürchtete und mied.« Warum zwei Namen für jenen »Naturgrund« erforderlich sind, uns was beide voneinander scheidet, fragt Lessing nicht.

6 1901 hielt Lessing vor dem Münchner Verein für Fraueninteressen einen Vortrag über »Die Intelligenz der Frau«. 1910 veröffentlichte er den Essay *Weib – Frau – Dame* zur Geschlechterikonographie. In seiner zwei Jahre zuvor publizierten Studie *Der Lärm* betrachtet er aus der Perspektive des enervierten Nachbarn abstumpfende Hausfrauentätigkeiten wie Teppichklopfen und Wäschemangeln.

7 Gespräche mit Herbert Marcuse, Frankfurt a. M. 178, 65.

8 Ebd., 69 f.

9 Ebd., 71.; Hervorhebung M.K.

10 Ebd., 86.

11 Zur Kritik an Theweleit unter diesem Aspekt vgl. Moishe Postone, Antisemitismus und Nationalsozialismus, in: Ders., Deutschland, die Linke und der Holocaust. Politische Interventionen, Freiburg i.Br. 2005, 165 ff., besonders 172 f.

12 Im Folgenden zitiert nach: www.logbuch-suhrkamp.de/thomas-meinecke/wie-ich-feminist-wurde.

Unlust am Anderen

Seit Frühjahr 2020 gilt der menschliche Leib in fast allen westlichen Staaten nur noch als ein potentieller Virenträger, dessen Öffnungen so dicht wie möglich verschlossen sein müssen; der eklige, für die Mitwelt gefährliche Tröpfchen absondert; der in Gefahr ist, zu lärmen, zu krakeelen, übergriffig und gesundheitsgefährdend auf andere Körper einzuwirken und deshalb am besten präventiv quarantänisiert werden muss, in jedem Fall aber im öffentlichen Raum, der ein Jahr vorher noch Sphäre von Streit, Austausch, Handel, Freundlichkeit, Flirt und spontanen Leidenschaften sein konnte, nur mehr vermummt in Erscheinung treten darf. Die unter dem Vorzeichen des Gesundheitsschutzes betriebene Erniedrigung des menschlichen Leibes, der doch als kultureller vom natürlichen nicht getrennt werden kann, geht einher mit der durch den Maßnahmenstaat erzwungenen und von den Bürgern freiwillig mit engagierter Libido-Investition betriebenen Zerstörung des Gesichts: Von ihm sind im öffentlichen Raum, teilweise aber auch im privaten Nahbereich, der als totales Homeoffice tendenziell zum bloßen Anhängsel des oft kaum noch vorhandenen Berufs wird, nur die für die digitale Heimarbeit unerlässlichen Augen übriggeblieben.[1] Der Rest des Gesichts ist rücksichtsvoll zu bedecken; wer die Maske unter der Nase trägt, gilt bereits als hygienepolitischer Exhibitionist. Von ihrer lebendigen Konstellation mit Mimik und Sinnlichkeit abgelöst, wie sie sich im Lächeln, in der mündlichen Artikulation und im Geruchssinn ausdrückt, werden die Augen, deren Blickwechsel jahrhundertelang privilegierter Ort von Erkenntnis wie von Liebe gewesen ist, bösartig und tyrannisch: Wo Menschen sich nicht mehr spontan und in Freiheit von Antlitz zu Antlitz gegenübertreten, geben ihre Blicke den Blick des Anderen nicht mehr zurück, sondern verkümmern zum leblosen Kontroll- und Beaufsichtigungsorgan.

Die Augen starren auf den Anderen, den sie, als es in der Öffentlichkeit noch Gesichter gab, nicht nur ansehen, sondern manchmal wie einen Gast aufnehmen konnten, heute wie auf den Bildschirm, der erst »seit Corona« auch real an die Stelle des Fensters zur Außenwelt getreten ist, das er imaginär schon lange ersetzt hat. Die Sinne, deren Verstopfung fester Bestandteil der Kulturindustrie ist (die Stöpsel, mit denen der Konsument sich »Musik aufs Ohr« hauen kann, fungieren als lustvoll-aktivisches Ohropax, das die anästhetische Blockierung der Körpereingänge zur Erweiterung sinnlicher Wahrnehmung umlügt[2]), sind in ihrer passivischen, aufnehmenden Dimension weitgehend liquidiert. Jegliche rezeptive Tätigkeit des Mundes steht seit Corona unter Vorbehalt: Um zu essen, zu trinken, jemanden zu küssen oder ihn zu schmecken, darf man keine Maske tragen oder muss sie abnehmen und die hygienepolitische Norm dadurch temporär suspendieren. Es ist ein Luxus, den man sich leistet, wenn man nicht gerade während der Online-Konferenz, zu der das Leben wurde, das vom Lieferando-Boten ins Haus gebrachte Essen in sich hineinstopft. Unter der Maske nuscheln alle noch schlimmer als ohnehin, Sprache, genuin menschliches Organ differenzierter Artikulation, wird auch materiell auf die technisch-instrumentelle Funktion von Sendung und Empfang kodierter und dekodierbarer Signale heruntergebracht. Erschnuppern lässt sich mit Maske nur das Penetrante, nicht aber die Nuance, blicken tun die Menschen durch den übrig gelassenen Schlitz wie Späher, die die Außenwelt, die sie hassen, weil sie sich vor ihr fürchten, abtasten, statt sie wahrzunehmen: misstrauisch, missgünstig, ständig aufmerksam, aber borniert und erfahrungslos. Diejenigen, die solche Verstümmelung nun schon zwei Jahre lang an sich selber und an ihren Nächsten, die ihnen potentielle Feinde geworden sind, exekutieren, haben folgerichtig seither im Daumenkino-Tempo jede geistige Ansprechbarkeit eingebüßt: Wer von ihnen es kann, weil er sich als ideologiekritisch versteht, zitiert weiter Adorno, Marx und Hegel oder ereifert sich über Cancel-Culture als Zerstörung jener Öffentlichkeit, die man selber gerade aktiv abgeschafft hat, glaubt aber ansonsten obrigkeitshörig an »die Zahlen«, die Infektionsverlaufskurven, die Intensivbettenbelegung, an 3G, 2G, 2G+, AHA, Booster und Booster-Booster mit einem Starrsinn, der den des eigenen Opas, um den man sich sorgt, weil er so unvorsichtig ist, Freunde zu treffen, weit übersteigt. Der Selbstverstopfung der Sinne korrespondiert die Selbstabdankung des Denkens: Selten haben intelligente Menschen binnen zweier Jahre so vieles verlernt, verleugnet, vergessen und verraten wie seit dem Frühjahr 2020, und selten waren sie so stolz auf ihren neuerworbenen Stumpfsinn.

Körper und Erscheinungsraum

Das Angewiesensein bürgerlicher Öffentlichkeit auf die Realpräsenz menschlicher Körper, die in ihrer vergänglichen Lebendigkeit Subjekte und Objekte von Austausch, Handel, Verkehr und des am Modell des Warentauschs gebildeten öffentlichen Streits sind, hat Hannah Arendt in ihrem Buch *Vita activa*, das in den ausgehenden 1950er Jahren die bürgerlichen Begriffe der Arbeit, des Handelns und der Warenproduktion mit schon halb unglaubwürdiger Emphase gegen die industrialisierte Gesellschaft zu retten suchte, mit dem Terminus des »Erscheinungsraums« zu fassen versucht.[3] Er kehrt das aus der platonischen Tradition stammende Bedingungsverhältnis von Sein und Schein, von Wesen und Erscheinung in gewisser Weise um: Was ein Mensch »ist« und was im Rechtstitel der Person abstrahierend zusammengefasst wird, ist er nicht immer schon unabhängig von den sozialen Bedingungen, unter denen er lebt. Vielmehr offenbart sich jene unveräußerliche Substanz, die Arendt im Unterschied zu ihren postmodernen Adepten nach wie vor voraussetzte, erst in einem sozialen Raum, der deren freie Artikulation begünstigt und absichert. Erst in einem solchen Raum, der den Menschen ermöglicht, mehr zu sein als das, was sie bloß für sich selber sind, und dadurch allererst ihre Bestimmung zu verwirklichen, erst also in einem Raum, der jedem Einzelnen ohne unmittelbaren Zwang anempfiehlt, mehr zu sein, als er nur ist, kann jeder Einzelne der Verwirklichung dessen nahekommen, was er ist, aber allein für sich selbst nicht sein kann. Der im besten Sinn menschenfreundliche Optimismus dieses Verständnisses von Öffentlichkeit dürfte mitverantwortlich für seine Nicht-Rezeption selbst bei jenen sein, die Arendt ansonsten für jedes noch so verwaschene Verständnis von partizipativer Demokratie in den Dienst zu nehmen pflegen. Jürgen Habermas, der Arendts Begriff der Öffentlichkeit in *Strukturwandel der Öffentlichkeit* beiläufig aufgegriffen hat,[4] verlieh ihm eine am Selbstverständnis der damaligen Bundesrepublik als eingeklammerten Nationalstaat geschulte Neuformatierung, die mit Arendt nur noch wenig zu tun hat: Deren Begriff von Öffentlichkeit zielte nicht auf kommunikative Aushandlungsprozesse, in welche die Bürger irgendwie permanent verstrickt sein sollen, um sich als geläuterte und verantwortungsbewusste Demokraten beweisen zu können, sondern auf das spontane, freie, auch von äußeren Zwecken befreite, In-Erscheinung-Treten leiblich gegenwärtiger Menschen. Sein Modell war weit eher der Salon als das Oberseminar, eher das Kaffeehaus als die Klausurtagung, und ganz bestimmt nicht die Online-Konferenz.

Die leibliche Präsenz einander ebenbürtiger Menschen, die

die historisch-materielle Voraussetzung dessen ist, was Arendt als bürgerliche Öffentlichkeit beschrieben hat[5], fehlt in Habermas' Konzept kommunikativer Rationalität. Indem er seinen Begriff der Kommunikation von jeglicher Leiblichkeit reinigt, ohne die sie gar nicht statthaben könnte (darin ähnelt er wie in manchem anderen seinem angeblichen Gegenspieler Niklas Luhmann), tilgt er genau das, was für Arendt den öffentlichen Austausch – Diskussion, Kritik und in Freiheit geteilte Erkenntnis, die sich nur in der Realpräsenz miteinander redender und aufeinander antwortender Menschen ereignen können – ausgemacht und was sie in präziser Vieldeutigkeit als »Handeln« bezeichnet hat. Kaum zufällig spaltete sich das Moment der Leiblichkeit von Kommunikation genau zu der Zeit, als Habermas seinen Begriff von kommunikativer Vernunft entwickelte, theoriegeschichtlich vom bürgerlichen Vernunftbegriff ab, um als »Performativität« ein scheinbares Eigenleben als postmoderner Konterpart der perhorreszierten Vernunft zu führen. Der Begriff der Performativität bezeichnet bei denen, die Habermas nur als seine Gegner und nicht, wie es treffender gewesen wäre, als seine antagonistischen Wiedergänger ausgemacht hat, all das, was vom menschlichen Leib nach seiner Abtrennung vom Geist, was nach Abspaltung der Erkenntnis vom kreatürlichen Leben übriggeblieben ist: die ebenso permanente wie ziellose Tätigkeit entleibter Körper, die, weil der Geist ihnen ausging, nur als Material von Selbst- und Fremdzurichtungen in den Blick kommen. Performativität meint das, was vom lebendigen, sterblichen Leib bestehen bleibt, nachdem er entgeistet und in krude Körperlichkeit verwandelt worden ist, und deutet diesen Rest antirationalistisch in einen vermeintlich vernunftkritischen Impuls um. In Arendts Begriffen des Erscheinungsraums, des öffentlichen Handelns und des Urteilens ist hingegen der Zusammenhang, der von Habermas wie von seinen postmodernen Gegenspielern auseinandergerissen wurde, ungebrochen gegenwärtig, weshalb weder

Habermas noch die Postmoderne je etwas mit dieser Dimension von Arendts Werk anfangen konnten. Vollends der akademische Betrieb kennt Denken heute nicht mehr als reflektierte, zur Erkenntnis kristallisierte Erfahrung, sondern nur als von den lebendigen Menschen abgespaltene, zwar nicht ohne das Team, aber ohne alle Einzelnen, aus denen das Team besteht, mögliche Prozedur: als Algorithmus, der von allen, die am approbierten Denkkollektiv teilhaben wollen, ohne jeden Rest und Überschuss internalisiert und ausgedrückt werden muss.

In der Erinnerung an den Konnex von Leib und Geist, ohne den weder von der Erfahrung noch vom Denken ein triftiger Begriff gewonnen werden kann, ähnelt Arendts Auffassung von Öffentlichkeit der Kritischen Theorie, mit deren Protagonisten Arendt verfeindet war. Der Begriff der Mimesis, den der mit ihr befreundete Walter Benjamin in den 1920er Jahren entwickelt hat[6] und der später in der *Dialektik der Aufklärung* bei der Entfaltung der vernunftfernen Konstitutionsbedingungen von Vernunft eine Schlüsselrolle spielte,[7] zielt wie Arendts Begriff der Erscheinungsraums auf die leiblich-materiellen Bedingungen, unter denen lebendige Vernunft, die nie nur einem einzelnen Menschen, sondern immer virtuell der Menschheit gehört, überhaupt erst entstehen und sich entfalten kann. Mimesis meint in der Kritischen Theorie, anders als in der abendländischen philosophischen und poetologischen Tradition von Aristoteles bis zur Aufklärung, nicht die Repräsentation von Objekten durch sprachliche und körperliche Zeichen, sondern das Sich-Anschmiegen des nicht nur in der Sprache artikulierten Denkens an seinen jeweiligen Gegenstand, das in der Erkenntnis des Objekts mit diesem notwendig auch sich selbst verwandelt. Ihre gemeinsame Quelle haben sowohl Arendts Denken wie das der Kritischen Theorie in dieser Hinsicht in der Sozialanthropologie der 1920er Jahre, als Helmuth Plessner, Max

Scheler, Arnold Gehlen und Norbert Elias von politisch und sozialtheoretisch völlig verschiedenen Ausgangspunkten her untersuchten, wie sich gesellschaftliche Erfahrungen und Fähigkeiten durch Internalisierung, Negation und reflektierende Umformung in den Individuen leiblich und gestisch vermitteln.[8] Dieser nicht repräsentationstheoretische, sondern sozialanthropologische Begriff von Mimesis, der kaum zugfällig gleichzeitig und doch unabhängig von der Kritischen Theorie seit den 1920er Jahren auch in der französischen Soziologie und während des Zweiten Weltkriegs in den Arbeiten des Pariser Collège de Sociologie große Bedeutung hatte,[9] reagierte auf die Krise der bürgerlichen Gesellschaftsform, der er sich verdankte. Gegen den szientifischen Positivismus wie gegen die archaisierende Verherrlichung vormoderner Formen von Gemeinschaft und Sippe hielt der Begriff der Mimesis fest, dass die zivilisatorische Brechung des Naturzwangs und die Entwicklung differenzierter Sozialität mit all ihren bis ins Intimste hinein verästelten Verkehrsformen immer vermittelt sind über den Leib, der nicht nur ihr Träger ist, sondern sie aktiv ausdrückt und ihnen lebendige Wirklichkeit verleiht. Die Vermittlung von Vernunft und Leib, von Begriff und Anschauung, menschlicher Realpräsenz und Denken ist in Habermas' Theorie von Öffentlichkeit als der Sphäre kommunikativer Rationalität ebenso wie im Begriff der Performativität bei seinen Gegnern verloren gegangen. Die sei es nun system- oder kommunikationstheoretisch fundierte Rollen- und Funktionssoziologie und die den entgeisteten menschlichen Restleib sprachwissenschaftlich reanimierende Theorie der Performativität verwerten und verwalten die unverbundenen Fragmente, die von der historisch zerfallenen Fähigkeit zur Mimesis substanzlos fortwesen.

Verzauberte Sprache, entzauberter Leib

Was sich seit den ersten Maßnahmen gegen das Covid-19-Virus, zu denen in den meisten westlichen Staaten von Beginn an trotz der Beschwörung eines privilegierten Schutzes der »Risikogruppen« flächendeckende Kontaktbeschränkungen, die weitgehende Stilllegung des öffentlichen Lebens, drastische Einschränkungen der Reise-, Bewegungs- und Versammlungsfreiheit, epidemiologisch dysfunktionale Alkoholverbote, die rigide, nur teilweise auf Freiwilligkeit bauende Reglementierung von Sexualität und Intimität (Prostitutionsverbote, hygienisches Dating etc.) sowie die omnipräsente Maskenpflicht nicht nur für Erwachsene, sondern auch für Schüler und Alte gehörten, im Alltag zwischen den Menschen wirklich ereignet hat, lässt sich mit medizinischen, seuchenhygienischen und gesundheitspolitischen Erklärungen, die bei all dem immer noch eine vielleicht begrenzte, aber nachvollziehbare instrumentelle Rationalität am Werk sehen, nicht hinreichend verstehen. Die Begeisterung und Freiwilligkeit, mit der die Bürger ein ebenso differenziertes wie chaotisches System von archaisch anmutenden Gesten und Symbolen etabliert und akzeptiert haben, die an Kommunikationsformen von Massensekten[10] erinnern (kollektive Vermummung, allgegenwärtige Masken- und Abstandszeichen, Ellenbogengruß und Fist Bump, Desinfektions- und Impfstoffe als Initiationsmittel, Integration der Kinder in den kommunitären Zwangsverband), bezeugt weit eher, dass das vermeintlich rationale Kalkül von Eigeninteresse und Gemeinwohl, mit dem die Corona-Bürger einander beschallen (»Schützen Sie sich und andere«), nur vorgeschoben ist, um viel tiefer greifende irrationale Wünsche nach gegenseitiger Belauerung und Selbstzerstörung zu rationalisieren.

Wo das Alltagsverhalten der Menschen untereinander statt von

Rationalität, die nur dann eine ist, wenn sie auf ihre Grenzen reflektiert, von Rationalisierung bestimmt wird, treten Vernunft und Rationalität auseinander und letztere wird, zum taktischen Mittel der Selbstlegitimation heruntergekommen, ein Instrument im Kampf gegen die Vernunft. Diese Depravierung findet ihren Ausdruck in einer Sprache, die, weil sie sich ihres mimetischen, imaginativen und spekulativen Elements vollständig begeben will, im Medium des Begriffs auf magisches Denken regrediert. Dieselben, die sich am Eingang jeder Drogerie und jedes Restaurants mit zum anerkannten Verhalten verallgemeinerten Zwangshandlungen die Hände desinfizieren, als handele es sich um eine säkularisierte Variante der Weihwasserwaschung, unterstellen jedem, der auf die historische Ambivalenz jeglicher Hygiene verweist, die im Zweck der Sterilisierung vom Schmutz besessen bleibt, den sie loswerden will, abergläubisches, irrationales, unwissenschaftliches und irgendwie verschwörungstheoretisches Denken. Dieselben, die die täglichen Inzidenz- und Hospitalisierungsraten herbeten können wie das Vaterunser, attestieren jedem, der sie auf die Banalität hinweist, dass Quantifizierung immer auch Entqualifizierung bedeutet, Obskurantismus und Leugnung der »Fakten«. Fakten wiederum werden nicht mehr von den Erfahrungen unterschieden, die sich an sie heften oder ihnen widersprechen, und Reflexion – die Fähigkeit, sich des eigenen Verstandes ohne Anleitung eines anderen zu bedienen – gilt nur noch dann als legitim, wenn sie den herrschenden »Fakten«, die doch ihrerseits nichts Unmittelbares, sondern verdinglichtes Resultat der Vermittlung von Tatsachen sind, »gerecht werden«: Sobald sich Reflexion, weil sie sich selbst treu bleibt, von solch purer Faktizität entfernt, wird sie von den politischen, medialen und den angeblich gesellschafts- und ideologiekritischen Lautsprechern der Mehrheit als irre »Spekulation« verdammt.[11] Evidenzbasierte Faktentreue nennt sich seitdem die gesellschaftlich anerkannte Erscheinungsform von Irrationalität, und haltlose Spekulation heißt die Vernunft, die diese Irrationalität beim Namen nennt.

Entsprechend rasant hat sich während der vergangenen zwei Jahre das Verhältnis von Sprache und Leib, Begriff und Objekt verändert. Was heute von der Mehrheit als unhinterfragbar objektive, restlos die Sache spiegelnde wissenschaftliche Terminologie mit Befehlscharakter angesehen wird, das sind in Wahrheit Signalwörter, die ihre Funktion eher als in der Epidemiologie oder der Medizin in der Massenpsychologie erfüllen: R-Wert, Inzidenz, Infektionsrate, Pandemie, Epidemie, Hospitalisierungsrate, Intensivbettenbelegung, Impfstatus usw. sind keine Begriffe mehr, die der durch die gesundheitspolitische Lage überforderten Bevölkerung helfen, die Situation, in der sie lebt, gesellschaftlich zu verstehen und aufzuschließen, sondern sie wirken fast ausschließlich als Verstärker eines politisch initiierten und von vielen Einzelnen in selbstzerstörerischer Begeisterung bejahten Prozesses der Angst- und Panikeskalation.[12] Dass sie der terminologischen Präzision, die eigentlich ihren wissenschaftlichen Wert ausmacht, beraubt und zu nach Belieben verwendbaren Spielmarken entleert werden, interessiert diejenigen, die sich ihrer bedienen, nicht: Die Inzidenz, die an sich schon wenig Aussagekraft hat, sofern nicht erläutert wird, unter welchen Bedingungen sie erfasst wird (die Anzahl der Schnell- und PCR-Tests, die ihre Grundlage ist, variiert je nachdem, welche Anreize und Zwänge die Bevölkerung zum Testen animieren oder nicht), kann je nach Nützlichkeit der Zahlen den R-Wert als politisch wichtige Kennmarke ablösen oder von ihm ersetzt werden.[13] Infizierte, symptomlos und manifest Erkrankte können je nach politischem Belieben in eins gesetzt oder unterschieden werden.[14] Hospitalisierungen und Intensivbettenbelegungen werden gemeldet, ohne dass zuvor ermittelt wird, unter welchen Bedingungen die gemeldeten Zahlen zustande kamen.[15] Als ungeimpft können je nach dem Stand der jüngsten Maßnahmenverschärfung sogar doppelt Geimpfte gelten, weil sie nicht »geboostert« sind.[16] Und ob immer noch eine pandemische oder endemische Lage besteht, ist sogar den Juristen egal, seit auch eine Endemie qua präventiver Notstandsverordnung als Vorspiel zur Pandemie behandelt werden kann.

Sterile Penetration

Während aber gerade diejenigen Wörter, deren Funktion objektiv fast nur noch darin besteht, die Angst vor der Ansteckung und damit vor der spontanen Leiblichkeit der Anderen zu entgrenzen, statt dazu beizutragen, sie zu bannen, als wissenschaftliche Begriffe anerkannt sind, gegen die niemand im Namen der eigenen Erfahrung und gar der gesellschaftstheoretischen Spekulation Einspruch erheben dürfe, behandeln die Menschen, die einander und die Welt zum Zweck der Exorzierung des Virus mit diesen Begriffen traktieren, sich gegenseitig immer stärker wie allenfalls virologisch, tiermedizinisch oder physikalisch in den Blick kommende leblose Objekte. Während die entleerten Begriffe wie Zauberformeln, rezitiert von vermummten, einander mit obskuren Gesten begrüßenden Sektenangehörigen, wachtraumhaft nachgesprochen werden, wird der Leib der Menschen, für den man den Mummenschanz zu veranstalten vorgibt, zum Gesundheitsmaterial, an dem zum Nutzen des Ganzen nach Belieben herumgefuhrwerkt werden kann. Dass jeder, am besten auch der doppelt Geboosterte, weil er ja Rücksicht auf den Anderen nehmen will, sich regelmäßig präventiv die Nasenlöcher mit Wattestäbchen penetrieren oder tief in der Kehle von unbekannten, oft nicht einmal medizinisch approbierten Händen einen Abstrich nehmen lässt, gilt schon längst als normal; auch Kinder und Jugendliche, die es regelmäßig in der Schule über sich ergehen lassen müssen, erleiden dadurch angeblich keinen Schaden.[17] Dass Leute ihre Schulter mit dem Pflaster, der den Einstich der Impfwunde verbirgt, stolz in die Höhe halten wie im 19. Jahrhundert Duellsieger ihren Schmiss,[18] das ist noch relativ neu, wird aber bald auch zum Alltag gehören.

Die massenmedial verbreiteten Symbolbilder mit von ärztlich behandschuhten Händen geleiteten Stäbchen, die sich dem Nasenloch nähern, oder mit in den Oberarm getriebenen Spritzen, die anders als die Schockbilder auf Zigarettenschachteln nicht der Abschreckung, sondern der gesundheitspolitischen Werbung dienen, machen eines unwiderruflich deutlich: Der anonyme (wer da spritzt und testet, kommt nie ins Bild) und zugleich lustvoll präsentierte ärztliche Übergriff auf den Staatsbürgerkörper ist nicht einfach ein medizinischer Eingriff, sondern hat eher die Bedeutung von Tribal-Tattoos in Stammesgemeinschaften: schmerzvoll erlitten, aber umso siegesgewisser vorgezeigt als Eintrittskarte in den allem Unhygienischen gegenüber feindseligen Fürsorge-Clan, der früher Bürgertum hieß, zu dem man heute aber statt durch den Personalausweis nur durch den richtigen Impfstatus Zugang erhält. Der Leib, der in einer solch durchneurotisierten Hygienegesellschaft ansonsten nur als potentielle Ansteckungsquelle in den Blick kommt und nur nach mehrmaligem Corona-Check intim genossen werden kann,[19] darf allein in den klinischen Riten der Testung und Impfung unter gesundheitshoheitlicher Staatsanleitung immer wieder mal, gefahrlos und lustvoll-steril, penetriert und als das Menschenfleisch spürbar werden, vor dem die Mitglieder der Booster-Gemeinschaft sonst nur Angst empfinden. Die Körpergrenze, die im gesellschaftlichen Alltag seit März 2020 derart ansteckungs- und begeisterungsdicht ist, wie es sich Fans antisexistischer Verhaltenskodizes nie hätten träumen lassen, darf zum impfbürgerlich korrekten Zweck des Gesundheits-Checks ein- oder zwei-, mit etwas Glück künftig sogar drei- oder viermal im Jahr überschritten werden: nämlich, wenn der Doktor oder die Doktorin, die oft nicht mal welche sind, mit dem im Grunde infantil-erniedrigenden, subjektiv aber als fürsorglich empfundenen Satz: »Es ist nur ein Pieks« oder: »Jetzt kitzelt's gleich ein bisschen« in den Menschen dringt, der sonst durch nichts, schon gar nicht durch freundliche Berührungen anderer Menschen, mehr ergriffen werden kann und dem jede Erinnerung an die leibliche Realpräsenz einander gegenüberstehender Bürger, die für Arendt Öffentlichkeit hieß, ausgetrieben wurde. Wenn der Pieks oder der Test geschafft ist, fühlt der postmoderne Un-Bürger sich entspannt wie nach einem zufriedenstellend beendeten Akt, zieht die Maske übers Gesicht, geht einkaufen und haut sich mit der Freundin auf die Couch, um Netflix zu gucken. Und wenn mal ein Schwurbler oder auch nur ein Zweifler fragt, ob es ihm bei all dem gut geht, ob es ihn denn nicht anödet, von aller Geselligkeit ausgeschlossen zu sein, ob er denn unter solchen Bedingungen intim wirklich noch die gleiche Lust empfindet wie am Anfang, lautet seine Antwort, die wirklich von Herzen kommt: Wir haben seit Corona völlig neu zueinander gefunden.

Anmerkungen

1 Vgl. zum Folgenden meinen Text: Die asoziale Internationale, in: *Bahamas* 87 (2021), 41 ff.

2 Zum Walkman siehe Shuhuei Hosokawa, Der Walkman-Effekt, Berlin 1987. – Über die Geschichte von Ohropax seit dem Ersten Weltkrieg vgl. Magnus Klaue, Stark genug auch für militärischen Schall, in: *Frankfurter Allgemeine Zeitung* (Beilage Geisteswissenschaften), 16.8.2017.

3 Zu diesem Begriff vgl. Hannah Arendt, Vita activa oder Vom tätigen Leben, München 1981, 251 ff.

4 Vgl. Jürgen Habermas, Strukturwandel der Öffentlichkeit. Untersuchungen zu einer Kategorie der bürgerlichen Gesellschaft. Mit einem Vorwort zur Neuauflage 1990, Frankfurt a. M. 1990, 57.

5 Als Voraussetzung von Öffentlichkeit beschreibt Arendt, in bedeutendem Gegensatz zu funktionalistischen und systemtheoretischen Konzepten von Öffentlichkeit, die »Enthüllung der Person im Handeln und Sprechen«, ohne welche Verständigung sich auf »eine Zeichen- und Lautsprache« reduzieren würde. Vgl. Hannah Arendt, Vita activa, a.a.O., 213.

6 Vgl. Walter Benjamin, Über das mimetische Vermögen, in: Ders., Gesammelte Schriften II.1, hg. von Rolf Tiedemann u. Hermann Schweppenhäuser, Frankfurt a. M. 1977, 210 ff.

7 Der Begriff der Mimesis steht im komplementären Zusammenhang mit dem der Idiosynkrasie. Vgl. Silvia Bovenschen, Ich kann dich ja nicht leiden. Adornos Idiosynkrasiebegriff, in: Dies., Über-Empfindlichkeit. Spielformen der Idiosynkrasie, Frankfurt a. M. 2000, 73 ff.

8 Vgl. Karl-Siegbert Rehberg, Verwandte Antipoden. Helmuth Plessner und Arnold Gehlen, in: Heinrich Pfusterschmid-Hardenstein (Hg.), Was ist der Mensch? Menschenbilder im Wandel, Wien 1994, 122 ff. In diesem Kontext entstand, ausgehend von Karl Mannheim, der Begriff des

Habitus, auf den später Pierre Bourdieu zurückgekommen ist.

9 Prominente Bedeutung hat der Terminus der Mimesis im Werk von Roger Caillois, auf den in der *Dialektik der Aufklärung* verwiesen wird. Vgl.: Das Collège de Sociologie 1937–1939, hg. von Denis Hollier, Frankfurt a. M. 2012.

10 Vgl. Initiative Sozialistisches Forum (Hg.), Diktatur der Freundlichkeit. Über Bhagwan, die kommende Psychokratie und Lieferanteneingänge zum wohltätigen Wahnsinn, Freiburg i.Br. 1985.

11 Vgl. Matthias Achersleben / Nathan Giwerzew / Clemens Nachtmann, Die neuen Feinde der Spekulation, in: *Bahamas* 85 (2020), 41 ff.

12 Das bemerken seit einiger Zeit auch vernunftbegabte Verwaltungsbeamte wie der stellvertretende Vorstandsvorsitzende der Kassenärztlichen Bundesvereinigung, Stephan Hofmeister. Vgl.: www.aerzteblatt.de/nachrichten/127394/KBV-Vertreterversammlung-Hofmeister-fordert-Schluss-mit-Gruselrhetorik-und-Panikpolitik-in-Bezug-auf-Corona.

13 Trotzdem wird über solche behavioristisch eingesetzten Signalwörter als »Corona-Begriffe« gesprochen, als handele es sich um neutrale, der Diskussion entzogene Termini. Vgl.: www.br.de/radio/bayern1/r-wert-100.html.

14 Vgl.: www.cicero.de/innenpolitik/corona-immunitaet-infektion-nachweis-pcr.

15 Die vom Staat gesetzten finanziellen Anreize, ungenutzte Intensivbetten als ausgelastet oder belegt für Corona-Patienten zu melden, haben vielfach falsche Meldungen der Krankenhäuser bewirkt und lange Zeit die Statistiken verfälscht, ohne dass dies zu der sonst üblichen massenwirksamen Skandalisierung kommunaler Geldverschwendung geführt hätte. Vgl.: www.welt.de/politik/deutschland/plus233881234/Hospitalisierungsrate-Die-fatalen-Verzerrungen-beim-neuen-Mass-fuer-die-Corona-Politik.html.

16 Laut den zum Zeitpunkt der Drucklegung gültigen Regeln gelten in Deutschland Genesene nach zweimaliger Impfung als »geboostert«, während nicht Genesene nach doppelter Impfung noch einen »Booster« benötigen, um vollständig in den Genuss ihrer Bürgerrechte kommen zu können. Wo und unter welchen Bedingungen eine nur einfache Impfung als »nicht geimpft« oder als »geimpft« verbucht wird und für wie lange, wechselt je nach Ort und lokalem Notstandsmodus. Außerdem bilden die eingesetzten Corona-Apps diese Regeln oft nicht einmal angemessen ab. Vgl.: www.br.de/nachrichten/netzwelt/app-chaos-genesene-muessen-sich-nicht-dreimal-impfen-lassen,SuCw9JI.

17 Bis heute gehört dem »Corona-Expertenrat« der Bundesregierung kein einziger Sozialpädagoge, Kinderpsychologe oder Kinderpsychiater an. Vgl.: www.mdr.de/nachrichten/deutschland/politik/corona-expertenrat-drosten-streeck-100.html.

18 Zur institutionalisierten Körperverletzung als Ausweis von Standeszugehörigkeit, Männlichkeit und Edelmut im Bürgertum vgl.: Ute Frevert, Ehrenmänner. Das Duell in der bürgerlichen Gesellschaft, München 1991.

19 Auf Dating-Plattformen wie Tinder ist die freiwillige Information über den »Impfstatus« bereits jetzt Standard, während sozusagen als anbahnungserotischer Untergrund neuerdings auch Dating-Apps ausschließlich für Ungeimpfte geschaffen werden. Vgl.: www.stuttgarter-nachrichten.de/inhalt.dating-apps-in-der-pandemie-warum-geimpfte-bei-tinder-und-co-bessere-chancen-haben.11af95c8-16d5-41ac-952b-4f6d70a69eb8.html?reduced=true; sowie: https://www.tonight.de/aktuelles/hier-bleiben-impfgegner-unter-sich-dating-app-nur-fuer-ungeimpfte-geht-an-den-start_154742.html.

Lächerliche Geschlechter

Der Siegeszug der *queer theory* seit der Jahrtausendwende ging einher mit dem Zerfall der traditionellen homosexuellen Alltagskultur. Im urbanen Homosexuellen-Milieu, für das in den 1980er Jahren das Viertel rund um die Motzstraße in Berlin-Schöneberg exemplarisch war, diente Transvestitismus der souverän-legeren Selbstermächtigung gegenüber einer Homosexuellen skeptisch bis ablehnend begegnenden Gesellschaft. Sich auch im Alltag mit weiblichen Accessoires auszustatten und zu kleiden, »unmännlich« zu sprechen oder vorwiegend von Frauen rezipierte Populärkultur wie Schlager zu lieben, war in diesem Milieu nicht Ausdruck des Wunsches von Männern, zu Frauen zu *werden*, sondern im Gegenteil Ausdruck eines homosexuellen Begehrens, das in ästhetischen Formen artikuliert wurde, die Elemente der heterosexuellen (weiblichen wie männlichen) Mode und Konsumkultur aufgriffen und ironisierten. Weil es beim Transvestitismus nicht um die Affirmation starrer Identität, sondern um deren ästhetische Infragestellung ging, war er nicht auf das Homosexuellen-Milieu beschränkt, sondern diente zugleich als Medium ironischer Selbstreflexion von Heterosexualität, wie es sie – ebenso wie den homosexuellen Transvestitismus – bereits in der Unterhaltungskultur der Weimarer Republik gab.[1] Die Aspekte ästhetischer Selbstvermännlichung in Auftritten Marlene Dietrichs etwa widersprachen nicht einfach der heterosexuellen Normalität, sondern verstärkten und bekräftigen paradox die inszenierte Weiblichkeit als dandyhaft-dämonische. Auch seit den 1980er Jahren bekannt gewordenen Cabaret-Künstlern und -Künstlerinnen wie Georgette Dee, Tim Fischer, Cora Frost und Lilo Wanders, die die theatrale Ästhetik der zwanziger Jahre aufgriffen, ging es nie darum, den Wunsch nach Aneignung einer anderen als der biologisch vorgefundenen Identität zu artikulieren, sondern vielmehr darum, sich solcher Identität zu verweigern: zu zeigen, dass das Geschlecht niemals ganz und gar mit sich selbst identisch sein kann, weil Sexualität der Ort des Nichtidentischen, Unverfügbaren in der Leiblichkeit der Individuen ist.

Transvestitismus und Transgender

Vierzig Jahre später hat der Transvestitismus das Moment des Spielerischen und der identitätskritischen Ironie gänzlich verloren. Das Tragen von Frauenkleidern, der »unmännliche« Gestus, mithin die kulturelle Selbstrepräsentation des Mannes als Frau, wird ebenso wenig mehr wie ihr Gegenpart, die ästhetisch überformte weibliche »Selbstvermännlichung«, als Suspension oder Dekonstruktion, sondern nur noch als Affirmation des nun freilich »antiheteronormativen« Identitätszwangs betrieben. Statt den Widerspruch zwischen Natur und Kultur, Körper und Leib, Schein und Sein als gesellschaftlich notwendigen herauszuarbeiten und übertreibend zu parodieren, wird inzwischen die soziale, juristische und medizinische Anerkennung des Mannes als Frau oder der Frau als Mann mit dem Telos restloser Widerspruchslosigkeit angestrebt. Alles Halbseidene, Skurrile, Befremdliche und damit gerade auch erotisch Reizvolle des Transvestitismus wird zu diesem Zweck brutal zurückgenommen und neutralisiert. Im Grunde genommen bezeichnet der Übergang vom Transvestitismus zu »Transgender« nichts anderes als diese Neutralisierung. Besiegelt werden soll er durch die staatstragende Anerkennung, etwa der Transgender-Person als Frau, die von nun an genauso wie hetero- und homosexuelle Frauen den Frauentag begehen will, weil sie sich von ihm ebenso gemeint fühlt wie biologische Frauen (die freilich oft genug mit dem Frauentag aus guten Gründen gar nichts zu tun haben wollen). Bei einer Kunstfigur wie Georgette Dee wäre eine solche Inanspruchnahme des Frauentages für das »weibliche« Selbstverständnis eines Mannes noch als Travestie wahrgenommen worden, die sowohl der Selbstinszenierung des männlichen Künstlers als Frau wie auch der Huldigung biologischer Frauen durch einen eigenen Volksgedenktag den tumben Bierernst genommen hätte, indem beides ebenso freundlich wie souverän der Lächerlichkeit preisgegeben worden wäre.

Diese Fähigkeit zur geschlechterästhetischen Ironie und Travestie, mit der sich das Subjekt vom Identitätszwang – und zwar sowohl vom gesellschaftlich auferlegten wie von dem, der die eigenen unerhellten Wünsche beherrscht – zu distanzieren vermag, geht immer mehr verloren. Der stolze Verzicht auf Ironie und Witz charakterisiert die identitätspolitisch gewendete Geschlechterpolitik der Gegenwart insgesamt, die niemals geistvoll, sondern immer nur moralisch, dogmatisch und damit witzlos ist. Wenn noch die weibliche Gebärfähigkeit und die Menstruation, die als gesellschaftlich vermittelte Erinnerungen an die erste Natur die gendertheoretische These von der restlosen Konstruiertheit all dessen, was Geschlecht heißt, ad absurdum führen, neuerdings queerpolitisch zu subjektlosen Prozessen erklärt werden, die keineswegs nur Frauen, sondern »Personen« überhaupt geschähen; wenn also behauptet wird, non-binäre Männer könnten qua transpolitischer Neukodierung ebenso menstruieren und gebären wie Frauen,[2] so könnte das ein aus den 1980er Jahren in die Gegenwart gebeamter Beobachter geradezu als neue Form der ästhetischen Geschlechtertravestie missverstehen.

Dass die Kritik am identitätspolitischen Dogmatismus der *queer theory* es angesichts der offenkundigen Absurdität solcher non-binären Propaganda mittlerweile auch auf die Kultur- und Wissenschaftsseiten von *NZZ*, *FAZ*, *Welt* und *Tagesspiegel* geschafft hat, ist nicht einfach ein Symptom dafür, dass sie im Mainstream angekommen und entsprechend verwässert worden ist. Vielmehr hat die an sich begrüßenswerte Popularisierung mit einer zwiespältigen Renaissance der Zweiten Frauenbewegung zu tun, die ihrerseits Reaktion auf den sektiererischen Charakter des Queer-Feminismus ist. Insbesondere *Emma* fungiert inzwischen als Bezugspunkt für einen Feminismus, der sich als aufgeklärte Alternative zum postmodernen Queer-Feminismus und speziell zum sogenannten Netzfeminismus versteht. Dieser sich vom Queer-Feminismus abgrenzende Feminismus, der sich manchmal »materialistischer Feminismus« nennt,[3] manchmal aber auch auf jede Selbstbezeichnung als feministisch verzichtet, kritisiert am Hype um Inter- und Transsexualität, am Intersektionalismus und an der verbreiteten Rede von (weiblicher) »Transphobie«, dass solchem Feminismus der Rekurs auf die Frauen als Subjekte abhandengekommen ist. Wo nicht einmal mehr Konsens darüber herrscht, dass nur Frauen gebären können und dass politische Kämpfe für die Legalisierung von Schwangerschaftsabbrüchen primär Frauen betreffen und von ihnen ausgefochten werden müssen, hat der Feminismus das von ihm in Anspruch genommene Subjekt preisgegeben. Mit der queer-theoretischen Verleugnung der ersten Natur und ihrer Auflösung in soziale oder kulturelle »Konstruktionen« verschwinden auch die empirischen Frauen, um die es angeblich gehen soll, aus dem Blickfeld.

Problematisch ist, dass diese richtige Kritik, die seit einigen Jahren ebenfalls vorwiegend in *Emma* formuliert wird, im Einklang mit dem Alice-Schwarzer-Feminismus der 1970er und frühen 1980er Jahre die (weibliche) Geschlechtsnatur erneut, nur eben unter »emanzipatorischen« Gesichtspunkten, substantialisiert und fetischisiert. Gebärfähigkeit und Menstruation beispielsweise werden dabei, statt sich einfach nur gegen die Absurdität zu verwahren, sie als Erfahrungen non-binärer Nicht-Frauen in Anspruch zu nehmen, erneut zum, wenn auch negativen, weiblichen Privileg, und an die erste Natur erinnernde weibliche Erfahrungen werden zum naturgeschichtlichen Fluch weiblicher Subjektivität er- und verklärt.[4] Solche Versuche, gegenüber dem Queer-Feminismus ein naturgeschichtlich begründetes weibliches Kollektivsubjekt wiederzufinden, übersehen einen wichtigen Aspekt der Geschichte des Queer-Feminismus. Als Judith Butlers Buch *Gender Trouble* 1991 unter dem Titel *Das Unbehagen der Geschlechter* auf Deutsch erschien, wurde es keineswegs deshalb so begeistert rezipiert, weil damit die queer-theoretische Umformung des Feminismus vorbereitet wurde (eine Diagnose, die sich erst im Nachhinein formulieren lassen konnte), und Butlers Antizionismus war seinerzeit erst recht nicht ins Bewusstsein der Öffentlichkeit getreten. Als wichtig und epochemachend wurde ihr Buch vielmehr wahrgenommen, weil es als Abrechnung mit dem Substantialismus und dem schwesterlichen Gemeinschaftskult weiter Teile der Zweiten Frauenbewegung erschien.[5] Dass Butler die geschlechterontologischen Spekulationen von Luce Irigaray und Hélène Cixous sowie den französischen Differenzfeminismus kritisierte, erschien als überfällige Abrechnung mit einem Feminismus, der »weibliche Erfahrungen«, »weibliche Subjektivität«, »weibliches Schreiben« usw. nur noch automatisch und ohne Reflexion auf den jeweils dadurch bestimmten Gegenstand für die Legitimation des eigenen Projekts heranzog. Auch die Tatsache, dass Butler die Frage aufwarf, was gesellschaftlich und biographisch durch kaum etwas miteinander verbundene weibliche Subjekte denn dafür disponiere, dem kollektiven Subjekt »Frau« subsumiert zu werden, warum also eine Frau immer eine Frau sein müsse, war Anfang der Neunziger in der bundesdeutschen Frauenbewegung ein Novum. Allenfalls die heterodoxen, sich kaum als Feministinnen verstehenden Frauen im Umfeld der Zeitschrift *Die Schwarze Botin* hatten in ihrer Polemik gegen *Emma* und *Courage* solche Fragen aufgeworfen,[6] der Hauptteil der Zweiten Frauenbewegung war von den Fetischen bestimmt, die Butler zu attackieren schien.

Dass sie sie in Wahrheit gar nicht attackierte, sondern nur die antiuniversalistische Transformation der Zweiten Frauenbewegung in ein Patchwork diverser, non-binärer und nicht-heteronormativer Minderheiten betrieb, hätte eine genaue Lektüre von *Gender Trouble*, die auf Butlers Ignoranz des Werks von Simone de Beauvoir[7] oder auf ihr Ressentiment gegen die Psychoanalyse das Augenmerk gelegt hätte, wohl bereits herausarbeiten können. Trotzdem lässt sich dem von Butler geprägten bzw. deformierten Ist-Zustand des Feminismus nicht dadurch begegnen, dass der von ihr verworfene Begriff einer ersten weiblichen Geschlechtsnatur einfach restituiert wird. Genauso wenig bringt es, gegenüber Männern, die ernsthaft von sich behaupten, menstruieren zu können, darauf zu pochen, dass die Menstruation ein weibliches Alleinstellungsmerkmal sei. Die Spuren der ersten Natur, die Butler nicht nur den weiblichen, sondern allen Subjekten austreiben wollte, indem sie den Leib komplett in den Körper und diesen in einen Effekt diskursiver Konstruktionen überführte, erscheinen in der empirischen Wirklichkeit immer nur historisch und gesellschaftlich vermittelt durch die zweite Natur. Zwar können nur Frauen gebären, doch wie diese Tatsache sich jeweils konkretisiert, hängt ab von den mehr oder weniger freien, mehr oder weniger bestialischen Bedingungen, unter denen die erste Natur gesellschaftlich erscheint. Nur die Bestimmung des je spezifischen Verhältnisses zwischen erster und zweiter Natur kann bei einer Kritik der *queer theory* weiterhelfen, nicht die Resurrektion weiblicher Geschlechtsnatur als Begründungsinstanz des Feminismus.

Feminismus und Transsexualität

Von einer Unbestimmtheit des Verhältnisses zwischen erster und zweiter Natur ist auch die gegenwärtige Diskussion über Transsexualität geprägt, in der es um Homosexualität und Transvestitismus schon gar nicht mehr geht, weil das Gefühl, »irgendwie im falschen Körper« zu stecken, sich immer seltener in Formen der Geschlechtertravestie und der ironischen Selbstdistanzierung artikuliert, an deren Stelle vielmehr der technisch leichter als früher mögliche und von Medizin und Chirurgie immer erfolgreicher vermarktete Versuch des buchstäblichen und anatomischen Geschlechterwechsels getreten ist. Die Diskussion über Transsexualität ist inzwischen fast immer – bei queer-feministischen Warnern vor »Transphobie« wie bei deren Kritikern – von der Weigerung geprägt, zwischen der Lebenswirklichkeit Transsexueller und deren Inanspruchnahme durch »antiheteronormative« Gender-Theorien zu unterscheiden. Auch in dieser Hinsicht war die Zweite Frauenbewegung differenzierter als das, was heute theoretisch und praktisch von ihr übrig geblieben ist. So erschien im Januar 1984 in *Emma* ein programmatisches Editorial Alice Schwarzers über Transsexualität, die damals im Vergleich mit heute ein Nischenphänomen war.[8] Darin pointierte Schwarzer den Unterschied zwischen einem Feminismus, der das geschlechterpolitische »Rollendiktat« der bürgerlichen Gesellschaft als »Einengung« sexueller

Erfahrungsmöglichkeiten ansehe, und den Interessen der Transsexuellen, von denen es in der Bundesrepublik damals etwa 3.000 gab: Während der Feminismus für »die Menschwerdung von Frauen und Männern« kämpfe, dafür also, dass alle Menschen gemäß ihren Neigungen »männlich und weiblich sein können und dürfen«, wollten Transsexuelle »ihren Körper in Einklang bringen mit ihrer Seele«. Auf die Verstümmelungen, die sexuelle Rollenmuster auf je verschiedene Weise allen Menschen zufügten, reagiere der Transsexualismus nicht mit dem Wunsch, diese Muster zu überschreiten, sondern mit dem Versuch, den für »falsch« erachteten vorgefundenen Leib dem Begehren anzugleichen, was den psychosexuellen Konflikt destruktiv verschärfe: »In unserer Gesellschaft gibt es eine Schublade ›Frau‹ und eine Schublade ›Mann‹, dazwischen nichts. Darunter leiden nicht nur die Transsexuellen. Darunter leiden die meisten Frauen (und einige Männer). Für Transsexuelle aber eskaliert der Konflikt: Sie wenden sich selbstzerstörerisch gegen den eigenen Körper.« Transsexuelle sah Schwarzer weder als pathologisch noch als geschlechterpolitische Vorhut einer besseren Gesellschaft an. Vielmehr beschrieb sie sie als verlorene Seelen der Geschlechterpolitik: »Die Existenz des Transsexualismus beweist: Die Seele kann stärker sein als der Körper – sie bestimmt die Geschlechtsidentität. Der Körper ist nur Vorwand für diese Zuweisung. Und Lebensläufe von Transsexuellen sind Schicksale: Heimlichkeit, Demütigung, Verzweiflung.«

Ihre Glosse beendete sie mit einer Solidaritätserklärung, wie sie sich in heutigen Polemiken gegen transsexuelle Identitätspolitik selten findet: »Seit Ende der 70er-Jahre nun sind Transsexuelle in Frauenzentren aufgetaucht, genauer: Frauen, die einst einen Männer-Körper und eine Männer-Realität hatten. Oft sind sie engagierte Feministinnen. In den Frauenzentren, vor allem in den Lesbengruppen, reagierten viele abwehrend auf die Transsexuellen. Nein, ›solche‹ hätten in der Frauenbewegung nichts zu suchen, das wären ja gar keine richtigen Frauen [...]. Ich war nie einverstanden mit der abweisenden Reaktion mancher Feministinnen. Mehr noch: Ich war und bin darüber empört!« Keineswegs also vertrat Schwarzer, wie ihr heute vorgeworfen wird, eine »transphobe« Position. Obwohl sie die Ziele des Feminismus an der Differenz zu den Interessen Transsexueller konturierte, forderte sie nicht deren Ausschluss aus der Frauenbewegung, während *Emma* seit ihren Anfängen eine Politik der Segregation gegenüber heterosexuellen Männern betrieb. Ein Echo davon ist, dass Schwarzer den »meisten Frauen« ebenso wie Transsexuellen, aber nur »einigen« Männern zugestand, unter kulturellen Geschlechterstereotypen zu leiden. Die seltsam christlich grundierte Rede von der »Seele«, die die »Geschlechteridentität« bestimme, während der »Körper« nur »Vorwand für diese Zuweisung« sei, führte dabei einen Dualismus ein, der dann später in der *queer theory*, die heute von Schwarzer kritisiert wird, wiederkehrte: Auch diese kennt den »Körper« (von dem im Gegensatz zum Leib inflationär gesprochen wird) nur als »Anlass«, als Einschreibfläche sozialer Diskurse wie Selbstdefinitionen, aber nicht als Erinnerung an die erste Natur und objektive Grenze subjektiver (Selbst-)Zurichtung. Indem sie statt von Einschreibungen oder Selbstdefinitionen von »Seele« sprach, hielt Schwarzer eine Spur der Unverfügbarkeit im libidinösen Impuls fest. Da sie jedoch dessen psychodynamische Konstitution übersprang und ihn spiritualisierte, blieb ihre Solidaritätsbekundung abstrakt. Wie es kommt, dass Menschen, die sich dem anderen Geschlecht zugehörig fühlen, sich diesem Gefühl anatomisch und nicht etwa ästhetisch und spielerisch angleichen wollen (was den Unterschied des Transsexualismus zum Transvestitismus ausmacht), dazu sagte sie nichts.

36 Jahre später, im Heft 1/2020 von *Emma*, erschien ein ganzes Dossier zum Thema Transsexualität, in dem an das frühere Edi-

torial erinnert wurde. Ihm folgte im Juni-Heft 2021 ein Schwerpunkt mit dem Titel »Transsexualität und Rollenbruch«. Die geschlechterpolitische Diskussion hatte sich seither stark verändert. Statt 3.000 gibt es gegenwärtig circa 26.000 Transsexuelle in der Bundesrepublik, und statt deren Lebenssituation interessiert die von den *Emma*-Ausgaben attackierte *queer theory* nur noch deren Nutzwert zwecks geschlechterpolitischer Ideologieproduktion. Gehörten Transsexuelle in den 1970ern und 1980ern meist Subkulturen an, die sie aufgrund ihres Stigmas selten verlassen konnten, sind Geschlechterumwandlungen heute bei jungen, immer häufiger bei weiblichen Erwachsenen der gehobenen Mittelschicht besonders stark nachgefragt. Nicht zuletzt hat sich die Rolle transsexueller Männer, die Schwarzer gegen den Ausschluss aus feministischen Zirkeln verteidigte, gewandelt. Der wichtigste Unterschied zwischen den aktuellen *Emma*-Schwerpunkten zum früheren Editorial besteht darin, dass *Emma* »Frauen, die einst einen Männer-Körper hatten«, heute eher als Männer beschreibt, die einen Frauenkörper haben. Trat in der früheren Bestimmung gegenüber dem Ist-Zustand des Körpers Transsexueller deren früheres Geschlecht als Vergangenheit zurück, neigt die jüngere feministische Kritik des Transsexualismus dazu, das frühere Geschlecht gegenüber dem gewählten als das eigentliche zu bestimmen.

Eigentliches und uneigentliches Geschlecht

Das ist keineswegs das Symptom einer neuen Geschlechterontologie, wie die *queer theory* gegenüber Schwarzer und anderen »transphoben« Feministinnen einwendet. Vielmehr ist es eine konsequente Reaktion auf die Tatsache, dass transsexuelle Biographien, anders als Schwarzer 1984 annahm, meist keinen Sieg der »Seele« (des sexuellen Selbstgefühls) über den Leib, sondern das Fortleben der bei Geburt vorgefundenen Geschlechtskonstitution im neuen anatomischen Körper bezeugen. Zu dieser Geschlechtskonstitution zählen nicht einfach weiterhin vorhandene Körpereigenschaften des verlassenen Geschlechts, sondern vor allem Sedimente der eigenen, durch den Geschlechterwechsel nicht einfach zu tilgenden psychosexuellen Entwicklung, in der sich Körpergedächtnis und libidinöse Objektwahl verschränken. Anatomie und psychosexuelle Subjektgenese sind immer schon miteinander verflochten. Trans-Frauen im Sport sind für diese Problematik weniger beispielhaft als die Zustände in Gefängnissen, die zulassen, dass ehemals männliche Straftäter, weil sie sich inzwischen einer Geschlechtsumwandlung unterzogen haben, immer häufiger in Frauenabteilungen verlegt werden. Als im vergangenen April 30 US-Bundesstaaten Gesetze beschlossen haben, um Trans-Mädchen aus dem Sportunterricht für Mädchen auszuschließen, richteten sie sich unabhängig davon, ob Trans-Mädchen aus der eigenen Körpervergangenheit Profit zu schlagen versuchen, und unabhängig von der sich in Transsexualität ausdrückenden psychosexuellen Entwicklung, allgemein dagegen, diese im Sport als Mädchen zu behandeln.[9] Als jedoch 2019 die Frauenorganisation *Fair Play For Women* darauf aufmerksam machte, dass es in mehreren britischen Verwaltungsbezirken wegen der Einweisung von Trans-Frauen in Frauengefängnisse zu Übergriffen der gewesenen Männer auf weibliche Mitgefangene kam,[10] traf dieser Einspruch gegen die Anerkennung der selbstgewählten Geschlechteridentität den Kern der Sache: die Tatsache, dass Sexualität sich nicht in Anatomie erschöpft, sondern psychosexuelle Impulse meint, die in einer neuen, selbstgewählten Körperidenität fortleben, weshalb es mehr als fahrlässig ist, männliche Vergewaltiger nach vollzogenem Geschlechterwechsel straf- und personenrechtlich als Frauen zu behandeln.

Je stärker Transsexuelle im Zuge des genderpolitischen Hypes aus dem Underground heraustreten, desto deutlicher wird, was die *queer theory* verdrängen muss, um sie weiter zu fetischisieren: dass ihre psychosexuelle Identifikation nicht mit dem von ihnen gewählten Geschlecht identisch ist, weil das durch die Wahl verlassene Geschlecht im gewählten weiterlebt, es umformt und neubestimmt. Deshalb ist die im queerkritischen Feminismus beliebte Ansicht, es handele sich bei Trans-Frauen »eigentlich« um Männer, die sich nur über das weibliche Ticket in den Feminismus einschmuggelten, aber ebenso falsch. Hinter dieser Meinung scheint das Bedürfnis zu stecken, den frauenpolitischen Laden angesichts des Bedeutungsverlusts klassischer feministischer Themen weiter um jeden Preis zusammenzuhalten. Ein solcher Identitätszwang spiegelt einfach nur den Identitätsfetisch der *queer theory*. Aus diesem Zirkel kann der Feminismus nur heraustreten, wenn er ernst nimmt, was bei Schwarzer mit der Formel von der Menschwerdung von Frauen und Männern anklang: Wie Männer nie nur Männer und Frauen nie nur Frauen sind, sondern jedem Geschlecht Erfahrungsmöglichkeiten des jeweils anderen innewohnen, so ist der psychosexuelle Konflikt, den Transsexuelle durch den Geschlechterwechsel zu lösen versuchen, Ausdruck eines potentiell jedem Subjekt zugänglichen Widerspruchs.[11] Die Problematik der Transsexualität besteht nicht in diesem Widerspruch, sondern in dem Versuch, ihn rein instrumentell und scheinbar sachlich, durch Selbstapplikation medizinischer Technologie statt durch Sublimierung und gegebenenfalls Therapierung, aufzulösen.

Sexualität und Ironie

Neben dem Bemühen, eine frauenpolitische Position abzusichern, die von der Wirklichkeit untergraben zu werden droht, schwingt in jüngerer Polemik gegen den Trans-Kult noch etwas anderes mit:

eine Abwehr gegen unausgetragene Triebkonflikte überhaupt, in der viele Trans-Kritiker dem Transsexualismus, der solche Konflikte am eigenen Leib exorzieren will, nicht unähnlich sind. Die Kritik, die Ellen Page, seit sie ab Dezember 2020 als Trans-Mann lebt und Elliot heißt, zuteilwurde, kam jedenfalls neben treffenden Invektiven gegen Pages‹ Schützenhilfe für den Queer-Feminismus fast nie ohne Verächtlichmachung ihres Werks aus und zog grandiose Filme, in denen sie die Hauptrolle spielte (»An American Crime«, »Hard Candy«, »Juno«), gleich mit in den Orkus.[12] Und die Häme, mit der die Trans-Frau Georgine Kellermann, die das WDR-Studio in Essen leitet, überzogen wurde, als sie für sich in Anspruch nahm, den Frauentag zu begehen, stand zur Banalität des Anlasses in keinem Verhältnis.[13] Solche überschießenden Impulse lassen sich auch manchen antideutschen Polemiken gegen den Trans-Fetisch ablesen, in dessen Kritik sich Antideutsche mittlerweile *Emma*-Positionen annähern.[14] Begünstigt wird diese Annäherung durch Vorbehalte gegenüber sexueller Devianz, die eher als individueller Zivilisationsrückfall verurteilt statt als ein solcher auch begriffen wird. Eine triftige Kritik am Kultus um Transsexualität müsste zu unterscheiden wissen, was dieser Kult über Transsexuelle sagt, inwiefern er deren Selbstidentifikation stützt oder nicht, und wie viel oder wie wenig Transsexuelle mit der *queer theory* zu tun haben, die ihnen ihren Sprechort zuweist. Diese Unterscheidung findet nur selten statt, wodurch es leichtfällt, die gesamte Geschichte der theoretischen Beschäftigung mit Transsexualität als Vorgeschichte des queeren Kults um »Transgender« abzuschreiben.

Dabei wäre Butlers *Gender Trouble* im westlichen Feminismus kaum als derart neuer Theorieentwurf wahrgenommen worden, wenn nicht zumindest dieses frühe Buch Erwägungen enthalten hätte, die über die Fetischisierung vermeintlich minoritärer Geschlechteridentitäten hinausgingen. So wie Butler darin die als biologische von der kulturellen Geschlechteridentität unterschiedenen Aspekte erster Natur in der menschlichen Sexualität noch nicht einfach leugnete und als ideologisches Konstrukt verwarf, sondern in Anschluss an Monique Wittig als »physikalische Merkmale« des Menschen bezeichnete und damit für irreduzibel, aber auch für irgendwie tot, unbeweglich und egal erklärte,[15] so beschrieb sie im letzten Kapitel ihres Buches unter dem Titel »Leibliche Einschreibungen, performative Subversionen« Formen der Selbstdarstellung und -verkörperung der Geschlechter, die Elemente der Ästhetik der Travestie und des Transvestitismus enthalten. In einer der wenigen Passagen, in denen sie sich mit Beauvoir auseinandersetzt, behauptet sie unter Berufung auf diese, »eine Frau sein« bedeute, immer: »eine Frau werden«, führt daraufhin aus: »wenn sich das Lesbentum in radikaler Ausschließung von der Heterosexualität definiert, [...] würde die lesbische Strategie gerade die Zwangsheterosexualität in ihren repressiven Formen festigen«, und plädiert schließlich für »die Überscheidung vielfältiger Diskurse am Schauplatz der ›Identität‹ [...], um diese Kategorie, gleichgültig in welcher Form sie auftreten mag, dauerhaft problematisch zu machen.«[16]

Obwohl es schon hier statt um gesellschaftliche Interaktion und ästhetische Inszenierung um »Diskurse« und »Strategien« geht, bei denen die Leiblichkeit der handelnden Menschen zum bloßen Material und soziale Orte zu bloßen Schauplätzen werden, wird »Identität« zumindest noch als etwas aufgefasst, das in Frage zu stellen und über das möglicherweise hinauszugelangen sei – wobei das Desiderat, Identität »dauerhaft problematisch zu machen«, absichtsvoll in der Schwebe lässt, ob es wirklich um radikale Kritik von Identität oder eher um ihre endlose »Verhandlung« und Neuthematisierung geht. Die Beispiele für politische wie auch für vorpolitische Formen der »Subversion«, die Butler anführt, tragen trotzdem noch die Erinnerung an Ironie, Travestie, Parodie und

Übertreibung in sich, die im durchaus bürgerlichen Homosexuellen-Milieu der 1980er Jahre und früher schon in den Foren der modernen Avantgarden praktiziert wurden: Ein Mann, der nichts anderes sein will als Mann und deshalb ständig so zu scheinen versucht, parodiert unfreiwillig diesen Schein und kann wirken, als wäre er gar keiner, während eine Frau, die die äußeren Kennzeichen ihrer Weiblichkeit maßlos affirmativ übertreibt, wie ein Mann erscheinen kann, der eine Frau spielt – wenn sie einfach sie selbst wären, weshalb müssten sie dann dauernd so tun, als wären sie sie selbst? Umgekehrt vermögen Männer, die kokett und reflektiert Momente des Weiblichen in ihre Geschlechter-Performance aufnehmen, und Frauen, die sich selbstbewusst männliche Attribute aneignen, eine erotische und sogar dezidiert heterosexuelle Anziehungskraft herzustellen, die ohne solche Transgressionen nicht entstehen könnte.

Eros trifft Sexus

Die Humorlosigkeit und politisierte Verbissenheit, mit der Butler solche Formen der Geschlechterironisierung und souveränen Selbstverlächerlichung im Abschlusskapitel ihres Buches (»Von der Parodie zur Politik«) beschreibt,[17] zeigte indes bereits, dass sie nicht auf einen Zugewinn gelassener Souveränität im Gestus spontaner, freier Selbstdistanzierung zielt, sondern auf das Gegenteil: auf die Herstellung eines unerbittlichen und leeren Ernstes im Verhältnis zu den eigenen Gender-Positionen, die nie stabil, sondern immer fluide, in dieser Instabilität aber unentrinnbar sein sollen: Dem Geschlecht soll man entkommen, aber nicht der Nötigung zur Geschlechter-Performance. In seinem Bekenntnis zur Unentrinnbarkeit hat der queere Trans-Fetischismus mit Butlers Buch, das sich noch eher las wie ein idealistisches Traktat, materialistischen Ernst gemacht. Für Trans-Ideologen, ob sie nun (was gar nicht so oft vorkommt) selber Transsexuelle sind oder sich nur diskurspolitisch für Transsexuelle »einsetzen«, hat die im anatomischen Geschlechterwechsel angenommene Identität noch unentrinnbarer zu sein als die verlassene alte, und keine Parodie, keine Travestie, keine ironische Selbstdistanzierung darf sie mehr relativieren. In diesem fanatischen Ernst ähneln queere Trans-Fans ihren Feinden, die historisch abgehängt und trotzdem nicht sympathisch sind: den verbissenen Verteidigern des Geschlechterunterschieds, der sich als biologischer im Kulturellen immerzu nur verdoppeln müsse, weshalb biedere Queerness-Kritiker sich mit Birgit Kelle und Volker Zastrow einig wissen, dass der Niedergang des Westens schon dann anfängt, wenn Jungs mit Puppen spielen oder Mädchen keine langen Haare haben wollen.[18] Gegen solchen falschen Ernst ist in Erinnerung an die Homosexuellen- und die Zweite Frauenbewegung festzuhalten, dass nicht in der Sphäre der Anatomie, wohl aber in der der Sexualität eine Maxime gilt, die schon früher einmal in satirischer Entlehnung einer Parole No-Border-Linker gegen puritanisch verbiesterte Kinder- und Genderschützer proklamiert worden ist: Keine Grenze ist für immer.[19] Mag der Sexus auch humorlos sein wie nur Hölderlin – Eros, ohne dessen Pfeil der Sexus immer bei sich selber bleiben müsste, liebt die Verkleidung, den Schein, das Abenteuer und den glücklichen Umweg.

Anmerkungen

1 Zum Transvestitismus als Stil und Delikt in der Weimarer Republik siehe Rainer Herrn , Abbildungspraktiken in der ersten Transvestitenzeitschrift *Das 3. Geschlecht*, in: Jahrbuch Sexualitäten 3 (2018), 57 ff.

2 Der absurde Glaubenssatz, dass Menstruation nichts Geschlechterspezifisches sei, ist längst im Mainstream angekommen. So dekretierte das *SZ*-Onlinemagazin *Jetzt* im Sommer 2020: »Genausowenig, wie man davon ausgehen sollte, dass eine Frau menstruiert, sollte man voraussetzen, dass andere Geschlechter es nicht tun.« Zitiert nach: www.jetzt.de/zyklus-kolumne/zyklus-kolumne-menstruation-und-gender.

3 Vgl.: Feministisch streiten. Texte zu Vernunft und Leidenschaft unter Frauen, hg. von. Koschka Linkerhand, Berlin 2018.

4 Beispielhaft hierfür ist die »Feministin« Franka Frei, die im Gespräch mit dem Redaktionsnetzwerk Deutschland im angemaßtem weiblichen und irgendwie auch alogischen »Wir« klagt: »Schon im dritten Buch Mose finden sich etliche Seiten über die Unreinheit der Frau. Und obwohl wir jetzt in einer weniger [?] säkularen Welt leben, schämen wir uns heute nach wie vor. Die Sicht auf Weiblichkeit als etwas Fehlerhaftes und Minderwertiges gegenüber dem Mann hat sich über die Jahrtausende getragen. Die Scham ist also tief in unserer Sozialisierung verwurzelt. Außerdem wird sie durch die Medien befeuert. In der Werbung für Menstruationsprodukte wird beispielsweise die Periode nicht mal beim Namen genannt. Statt Blut wird eine blaue Flüssigkeit eingesetzt«. Vgl.: www.rnd.de/liebe-und-partnerschaft/menstruation-aktivistin-franka-frei-will-mit-vorurteilen-aufraumen-4LOO7GDR6BDFPKYMYCMV2OVU4Q.html. – Wäre die Flüssigkeit rot, wäre das ein Erfolg im Kampf für die Sichtbarmachung weiblicher Erfahrung.

5 Zur Entwicklung der Frauen- und Geschlechterforschung siehe Marlies Janz, Aspekte der literaturwissenschaftlichen Frauenforschung (Ms.),

Berlin 1987.

6 Siehe hierzu: Christiane Ketteler / Magnus Klaue, Wider den Schleim der Authentizität. Geschlechterikonographie, Sprachkritik und Ästhetik in der *Schwarzen Botin*, in: Die Schwarze Botin. Ästhetik, Kritik, Polemik, Satire 1976–1980, hg. von Vojin Saša Vukadinović, Göttingen 2020, 491 ff.

7 Anders als mit Hélène Cixous, Luce Irigaray und Julia Kristeva setzt sich Butler in *Gender Trouble* mit Beauvoir nur wenig auseinander. Vgl. dagegen die umsichtige Studie von Toril Moi, Sexus – Text – Herrschaft. Feministische Literaturtheorie, Bremen 1989.

8 Dokumentiert und nachzulesen in: www.emma.de/artikel/anpassung-die-rolle-337403. Hieraus alle folgenden Zitate.

9 Vgl.: www.deutschlandfunk.de/kulturkampf-im-sport-in-den-usa-wann-ist-eine-frau-eine-frau-100.html.

10 Vgl.: https://fairplayforwomen.com/campaigns/prisons.

11 Die Sexualwissenschaft, die an den Hochschulen derzeit länderübergreifend abgewickelt wird, unterscheidet sich von den Gender Studies unter anderem darin, dass sie die Einsicht in die Unteilbarkeit des Sexus auch bei ihrer Beschäftigung mit Transsexualität ernst nimmt. Vgl. Volkmar Sigusch, Geschlechterwechsel, Hamburg 1992, sowie grundlegend Reimut Reiche, Geschlechterspannung – Eine psychoanalytische Untersuchung, Frankfurt a. M. 1990.

12 Eine hervorragende Würdigung von Ellen Page, die ihre biographische und cineastische Vergangenheit vor ihrer Existenz als Elliot gegen Pages Transgenderismus, aber auch gegen die Häme seit ihrem Geschlechterwechsel ins Feld führt, hat Brendan O'Neill für *Spiked!* verfasst: www.spiked-online.com/2020/12/02/we-need-to-talk-about-ellen-page.

13 Das Kellermann-Porträt in *Bild* mutet im Vergleich mit den Schmähungen, mit denen Feministinnen wie Konservative Kellermanns Anmaßung quittierten, den Frauentag zu feiern, fast schon sympathisch unaufgeregt

an: www.bild.de/lgbt/2020/qualityassurancetest/georgine-kellermann-63-feiert-weltfrauentag-ich-bin-zum-ersten-mal-dabei-69285328.bild.html.

14 Vgl. dagegen den konzisen Text von Philippe Witzmann, Dreams are my reality, in: *Bahamas* 84 (2020), 20 ff.

15 Judith Butler, Das Unbehagen der Geschlechter, Frankfurt a. M. 1991, 170.

16 Ebd., 189. Wenig später spricht sie von der konstitutiven Bedeutung von »Phantasie« und »Illusion« für die Aufrechterhaltung und Umformung der »Geschlechteridentität« (ebd., 200).

17 Ebd. 209 ff.

18 Vgl. Volker Zastrow, Gender. Politische Geschlechtsumwandlung, Berlin 2006; Birgit Kelle, GenderGaga. Wie eine absurde Ideologie unseren Alltag erobern will, Asslar 2015; und diverse weitere, wenig brauchbare Kampfschriften für die Stabilisierung von Männlichkeit und Weiblichkeit, die über die kleingeistige Klage um den Verlust gesellschaftlicher Gewohnheiten nicht hinauskommen.

19 Auf dem Cover des Heftes 34 (2001) der *Bahamas* mit dem Titel »Hauptsache Sexualität« steht: »Anna und Sigmund sagen: Keine Grenze ist für immer!« Vgl.: http://redaktion-bahamas.org/hefte/edit34.html.

Karneval der Differenzen

Das Verhältnis der Linken zur Mode ist seit jeher von einem ideologiekritisch bemäntelten Voluntarismus geprägt: Was aus meist nicht weiter reflektierten Gründen nicht in die diffuse Ikonographie linker Widerständigkeit oder multikulturalistischer Pluralität passt, wird als »westlich«, konsumistisch oder spießig abqualifiziert, was dagegen als irgendwie subversiver Code durchgehen kann, wird ohne Reflexion auf den konkreten Verwendungszusammenhang oder die darin sedimentierte Geschichte als Ticket für den Zugang zur jeweiligen Clique bejaht. Der Vorwurf, der meist ganz allgemein gegen das Phänomen der Mode in sogenannten spätkapitalistischen Gesellschaften erhoben wird, dass die Menschen durch sie qua Pseudo-Individualisierung einem in seiner scheinbaren Originalität umso rigideren Konformismus unterworfen würden, lässt sich zu allererst gegen die linken Milieus selbst wenden, in denen die Tendenz, jedes Kulturphänomen im Modus der Mode, aber auch jedes Modephänomen als politische Aussage aufzufassen, am reinsten herrscht: Längst nicht mehr nur »schwere«, politisch aufgeladene Zeichen, sondern alle Aspekte der Alltagskultur, des Geschmacks und des Kulturkonsums werden im Zuge einer trüben Vermischung von politischem Urteil und Geschmacksurteil als »Statements« wahrgenommen, mit denen sich der jeweilige Akteur zwangsläufig auch ideologisch »positioniert«.

Da die Auffassung, wonach ästhetischer Geschmack, obgleich historisch und gesellschaftlich bedeutungsvoll, doch Privatsache des Einzelnen sei, in solchem Umfeld als anachronistisches Rudiment bürgerlichen Bewusstseins längst erfolgreich überwunden worden ist, muss jeder sich vorsehen, niemanden mit persönlichen ästhetischen Vorlieben vor den unpersönlichen politischen Kopf zu stoßen. Von der Zigarettenmarke über die Lieblingsfernsehserie bis zur Alternative Schönberg vs. Strawinsky wird jede Äußerung ästhetischen Geschmacks in ein ebenso differenziertes wie strenges Raster eingetragen, dessen Genese und Begründung längst nicht mehr präsent sind, das aber alle kommunikativen Zusammenhänge vage durchherrscht. Da es anders als in der verflossenen bürgerlichen Öffentlichkeit kaum mehr allgemeingültige Regeln für den zivilen Verkehr, sondern fast nur noch individuelle, im je spezifischen Milieu verankerte Konformismen gibt, kann der Umgang mit diesem Problem immer nur taktischer Art sein: Wer versuchte, den universalen Verhaltenskodex aufzuspüren, der in linken Milieus das Verhältnis zwischen politischem und ästhetischem Urteilen regelt, würde daran irre werden. Stattdessen muss man gleichsam wittern lernen, wo man sich auf welche Weise vorteilhaft exponieren kann. Ebendieses zur automatischen Spontaneität verdinglichte Selbstverhältnis ist es, das in der Habitus-Soziologie eines Pierre Bourdieu zur unhintergehbaren Norm allen Verhaltens erklärt wird. Insofern kommt in Bourdieus Gesellschaftstheorie, die jede kulturelle Äußerung nach Maßgabe der Mode denkt, die Distinktionspraxis der Linken reflexiv zu sich selbst im Namen einer Kultur der Differenzen, die statt Widersprüche nur noch Unterschiede kennt.

Kopftuch und Minirock

Dass ein solcher Kult der Differenzen, der in Wahrheit jede Differenz der Phänomene *in sich selbst*, mithin jede Nichtidentität auslöscht, mit der postmodernen Beliebigkeit, die angeblich überall herrscht, nichts zu tun hat, sondern im Gegenteil Propaganda für eine kulturalistische Selbstethnisierung betreibt, an deren Ende jeder Einzelne nichts anderes wäre als seine eigene Minderheit, lässt sich an einer Debatte veranschaulichen, in der die absichtsvolle Vermischung von ästhetischen und politischen Urteilen deutlich zu Tage tritt. Sie wirft überdies die Frage auf, ob sich nicht doch eine historische Schwelle benennen lässt, von der an bestimmte Kleidungs- und Verhaltensordnungen sich überhaupt erst als Mode bezeichnen lassen. Anlässlich des Verdachts, der Kriegseinsatz in Afghanistan gegen die Taliban könne »zur Befreiung der Frauen vom islamischen Joch« führen, also zivilisatorischen Fortschritt bedeuten, verglich seinerzeit Connie Uschtrin (in *Konkret* 1/2002) unter dem Titel »Minis über Kabul« die durch Krieg und »Besatzung« importierte Mode mit den symbolpolitischen Begleiterscheinungen des Kolonialismus: »Das aufgeregte Herbeireden von vermeintlich befreiten Frauen greift ein altes Muster auf, das sich für erobernde Mächte bewährt hat: Die Frauenfrage wurde bereits von den Kolonialmächten alten Stils zur Legitimation der Unterwerfung stilisiert [...] [Der] schon von den Kolonialmächten angewandte Trick der Politisierung der Schleierfrage bezweckte die Zerstörung gesellschaftlicher, das heißt familiärer Strukturen. Er bewirkte das Gegenteil: Als Reaktion auf die Abwertung des Schleiers durch den Westen machte die islamische Bewegung aus dem Schleier ein Symbol des antikolonialen Widerstands«.

Das Argumentationsmuster, mit dem inzwischen Gender-Expertinnen die Forderung nach Aufhebung des Schleier- und Kopftuchzwangs als verkappten »westlichen« und »männlichen« Penetrationswunsch entlarven, ist hier angelegt. Schleier und Kopftuch sind demnach überhaupt keine politischen Symbole oder gar Bestandteil repressiver Alltagspraktiken, sondern *werden* dazu erst durch männlich-imperialistisches »Herbeireden von vermeintlich befreiten Frauen«. Dass die »Frauenfrage« überhaupt erst aufgeworfen werden kann, wenn Frauen nicht mehr als Haustiere, sondern als Individuen mit potentiell gleichen Rechten wahrgenommen werden und diese Rechte auch im ordinären Alltag, etwa in der Möglichkeit, sich zwischen Kleidungsstilen zu entscheiden, erfahren können; dass »gesellschaftliche Strukturen« sich erst entwickeln können, wenn Gesellschaft und Familie nicht im Modus der archaischen Familienbande in eins fallen; dass die Kolonialmächte qua Technisierung und Modernisierung bewusstlos die Möglichkeit dafür geschaffen haben, dass die Menschen sich vom Joch des Schollendaseins (und womöglich des Kolonialismus) befreien – all das wird dekonstruktivistisch weggezaubert, indem Kopftuch und Schleier als *Mode-Accessoires*, als von politischer Bedeutung entleerte Farbtupfer aufgefasst werden, die erst durch einen »Trick« des Westen »politisiert« worden seien. Miniröcke dagegen figurieren nicht als Mode-Accessoires mit je individuellen Aneignungsmöglichkeiten, sondern als distinkte Zeichen imperialistisch-patriarchalischer Unterdrückung, als Sexbomben, mit denen der weiße Mann die orientalische Unschuld beflecke. Nicht die patriarchalischen Stammesgemeinschaften der islamischen Kultur, sondern die westliche Zivilisation, welche die Emanzipation der Frauen zwar bis heute nicht substantiell verwirklicht, aber doch denkbar gemacht hat, wird als »patriarchal« denunziert; nicht der durch unmittelbare Tötungsdrohung durchgesetzte Zwang zur desexualisierten Konformität, sondern die individuelle Wahlfreiheit, wie sie der im Bild des Minirocks vorgestellten »westlichen« Mode zugrunde liegt, wird als Agens sexueller Repression angeprangert. Wo es hingegen darum geht, die Durchsetzung des Kopftuchzwangs in Neukölln und anderswo im Namen multikulturalistischer Pluralität zu legitimieren, wird konsequent argumentiert, das Kopftuch sei insbesondere für die jungen, selbstbewussten, souverän mit ihrer Attraktion kokettierenden Frauen nichts als ein Modestil, zu dem sie sich entschieden hätten wie ihre Proll-Schwestern für Hüfthose und Stringtanga. Während letztere jedoch den westlichen Sexismus verinnerlicht hätten und sich dem »männlichen Blick« gemäß modelten, praktizierten erstere eine sublime, weil irgendwie orientalische Erotik.

Doppelcharakter der Mode

Obwohl Mode als Massenphänomen erst Bedeutung gewinnen kann, wenn Güterüberfluss, freier Warenverkehr, formale Gleichheit und potentielle Wahlfreiheit auch auf der Ebene des Kulturkonsums sich durchgesetzt haben (weshalb es Mode in archaischen Stammesgemeinschaften ganz einfach nicht gibt), und obwohl linke Kritik mit ihrem habitualisierten Hass auf bürgerliche Uniformität sich schon immer zum Komplizen bestimmter »gegenkultureller« Formen von Mode gemacht hat, war doch die Linke stets zugleich Avantgarde des verbreiteten Ressentiments gegen Mode als »westliche Ideologie«. Dieses Ressentiment bricht sich heute in einem universalisierten Partikularismus Bahn, der die Welt als einen einzigen Karneval der Kulturen denkt, in dem jeder Anspruch auf unteilbare Wahrheit als Zumutung und jede Lärmbelästigung als kulturelle Bereicherung gilt. Die Paradoxie ist aber nur eine scheinbare: Im Karneval der Kulturen, der jede Barbarei zur Mode adelt, die im Namen des Pluralismus unbedingt zu respektieren sei, wird nämlich Mode als konkrete historische Form zugleich absolut liquidiert. Mode wird zum Alibi für die Verallgemeinerung von Ressentiment und identitärem Zwang, die den Einzelnen nicht mehr der anonymen, aber auch befreienden Egalität eines sich auch in der Kleiderordnung artikulierenden *code civil* unterstellt, sondern ihn zum folkloristisch ausstaffierten Exemplar seiner selbst macht und ihn in sein eigenes, unverwechselbares Exotentum einsperrt. Was eine solche Linke an der Mode liebt, ist deren Fähigkeit zur unendlichen Produktion von Differenzen, die idealiter jeden Einzelnen zum Vertreter einer nur aus ihm selbst bestehenden Splittergruppe macht; was sie an ihr hasst, ist ihre heutzutage verschüttete Allianz mit einem emphatischen Begriff von Individualität. Dieser lässt sich freilegen, indem der Zusammenhang von Mode und Warenform näher in den Blick genommen wird.

Von den frühesten kulturphilosophischen Untersuchungen zur Mode bis zu deren heutigen postmodernen Ausläufern findet sich immer wieder der Gedanke, wonach das Prinzip der freien Warenzirkulation in der Mode gleichsam zu sich selbst komme, die Mode also etwas wie die absolute, damit aber auch ihr eigenes Prinzip aufhebende Ware sei.[1] Einerseits ist sie eine gänzlich abstrakte Form, reine, auf keinen konkreten Gebrauchszusammenhang mehr bezogene Funktionalität, andererseits aber gerade durch diese Leere auch das ganz und gar Brauchbare, sinnlich Konkrete – der beglückende Luxus, der nicht mehr als exklusive Auszeichnung einer einzelnen Schicht reserviert bleibt, sondern dem System des Tauschs, der Abstraktion und der universalen Vergleichung selbst als potentiell jedem zugänglicher Genuss entspringt. Darin liegt die in den frühen Texten zur Mode noch unmittelbar präsente Affinität der Mode zur Kunst, die Funktion der Mode als Vermittlung zwischen ästhetischer Erfahrung und Alltagserfahrung, begründet. Im Fetischismus der Mode konkretisiert sich der utopische Überschuss des Warenfetischismus: Indem sie von den Massen als Substitut eines in der Wirklichkeit unabgegoltenen Glücksversprechens von Zweckfreiheit, freier Wahl und sinnlichem Genuss vergötzt wird – in dieser Suggestion von Wahlfreiheit und Verschwendung liegt ihr ideologisches Moment –, ist sie wie jeder Fetisch zugleich mehr als Substitut, fragmentarische

Präsenz dessen, was sie verspricht, konkreter Vorschein des Glücks, dessen Verwirklichung sie verhindert. Wie im ästhetischen Schein konvergieren im Fetischismus der Mode Ideologie und *promesse du bonheur*. Indem sie jedoch, anders als das autonome Kunstwerk, bereits qua Konstitution darauf angelegt ist, sich allein im Verbrauch zu verwirklichen, über ihr flüchtiges Erscheinen und Vergehen hinaus nichts zu bedeuten, ja ihre Bedeutung gerade in dieser Flüchtigkeit zu verwirklichen, nimmt sie das Glücksversprechen, das sie bewahrt, durch ihre eigene Form immer wieder zurück: Darauf zielt Benjamins zum Bonmot gewordenes Diktum von der Mode als »ewige Wiederkehr des Neuen«.[2] Indem sie sich als Gebrauchskunst par excellence darstellt – als Kunst nämlich, die sich nicht dem gesellschaftlichen Gebrauch als heteronomem Zweck unterwirft, sondern die allein dadurch existieren kann, dass sie gebraucht wird und wieder vergeht –, scheint sie der Rückführung von Kunst in Lebenspraxis, die im genuinen Feld ästhetischer Produktion (Happening etc.) nur noch als Phrase fortbesteht, näher zu sein als jedes andere ästhetische Phänomen. Indem sie jedoch das negative Element ihres Scheincharakters, der immer auch auf die reale Entbehrung des Versprochenen verweist, durch ihre eigene Form leugnet, ist sie ihr zugleich am fernsten und droht ständig, die *negative* Aufhebung des Gegensatzes von Kunst und Leben zu verwirklichen – ein Leben, das als »Inszenierung« zum universalen gesellschaftlichen Rollenspiel depotenziert, und eine Kunst, die als »Lebenspraxis« nichts als Verdoppelung des Status quo wäre.

Maske und Gesicht

Das emanzipatorische Potential der Mode, wie es hierzulande von der Jahrhundertwende mit ihrer Verabsolutierung von Spiel, Maskerade und Stil als Formen emphatischer Denaturierung bis zur Neuen Sachlichkeit mit ihrer Begeisterung für den urbanen Amerikanismus noch lebendig war,[3] wird preisgegeben, sobald dieser Widerspruch, der der Mode notwendig innewohnt, nicht mehr als lebendiger erfahren werden kann. Wer die Frauenzeitschriften der Weimarer Republik mit ihrem pragmatischen und zugleich individualistischen Pathos (»Werde, was Du bist«) der prüden Dating-Dressur (»Wie werde ich sein Typ?«) heutiger Mädchenjournale gegenüberstellt, dem wird dieser Unterschied unmittelbar evident: Jene erteilten Ratschläge, wie jede einzelne Frau durch geschickte Handhabung der durchaus standardisierten Accessoires sich zumindest annähernd zu dem Individuum machen könne, das sie gerne wäre, bzw. wie sie gerade im Modus der Stilisierung ihr Ich nicht verlieren, sondern konturieren könne, weil es eben nicht im bloßen Sosein der natürlichen Person unmittelbar gegeben ist, sondern aktiv hervorgebracht werden muss. Dass ein solcherart durch »Stilisierung« hervorgebrachtes Ich auch potentiellen Partnern besser gefallen könnte, weil es sich selbst besser gefällt, war ein lockender Nebeneffekt. Diese Dialektik von Stilisierung und Individuation, von Maske und Ich wird gerade heute, wo die Mode im Namen von experimentellen »Bastel-Identitäten« nach dem Motto »Erfinde Dich neu« lockt, vollständig neutralisiert. Ihr lag die mit der konkreten Alltagserfahrung vermittelte Erkenntnis zugrunde, dass die Maske, die bei Übertritt der Schwelle zwischen Privatsphäre und Öffentlichkeit anzulegen ist, dank des Nuancenreichtums der Mode das authentische Gesicht des Individuums nicht notwendig verdecken muss, sondern in der Lage ist, es überhaupt erst hervorzubringen. Hierin konvergiert das emanzipatorische Potential der Mode mit dem revolutionären Impuls der urbanen Öffentlichkeit: Der Mensch in seinem ungeschminkten Sosein, wie auch als private Person, ist eben nur die natürliche Person und noch nicht das Individuum, das sich erst in der Öffentlichkeit, als im mehrfachen Sinne handelndes Wesen, in seiner Autonomie zu verwirklichen vermag. Die Maske realisiert, indem sie die natürliche Person im gleichen Moment schützend verbirgt und als öffentliche, als *ganze* Person zur Geltung bringt, gerade durch ihr Moment der Abstraktion deren Individualität, die sich als bloß natürliche nicht entfalten kann.

Vor diesem Hintergrund lässt sich das regressive Potential postmoderner »Körper«-Idolatrie deutlich erkennen. Wenn Jean Baudrillard die moderne Neutralisierung des Körpers polemisch mit dem Körper des Indigenen konfrontiert, der sich nicht in Gesicht und Leib dividiere, sondern ein einziges Gesicht sei,[4] wird die Kritik an der abendländischen Privilegierung des Gesichts- vor dem Tastsinn, an der Perhorreszierung der Triebsphäre zugunsten des Realitätsprinzips usw. verkehrt in ein Plädoyer für einen von der Zivilisation scheinbar verschütteten Animismus, der die Trennung zwischen Eros und Logos nicht etwa glücklich aufgehoben hat, sondern überhaupt nicht kennt. Der Fortschritt, der in der Ausdifferenzierung der Sinne, im Primat des Gesichtssinns als sozialem Sinn *sui generis* und in der Unterscheidung zwischen Körper und Kleidung als Ausdruck von dessen Unverletzlichkeit liegt, wird eskamotiert zugunsten eines Ideals vitalistischer Autarkie, die keiner zivilisatorischen Hüllen bedarf. Wo aber der ganze Körper Gesicht wird, wird zugleich das Gesicht zum bloßen Körperteil und verliert seine Würde als singulärer Ausdruck von Individualität. Ebendies aber, der Ausdruck von Individualität, der körperlich ist und doch die Sphäre bloßer Körperlichkeit transzendiert, darf nicht mehr gedacht werden. Mit anarchofaschistischer Verve bricht sich der Hass auf das Gesicht bei Deleuze und Guattari Bahn, wenn das Gesicht zunächst zum Akzidens ohne Ausdrucksvermögen und Sinn erklärt und sodann die abendländische »Erschaffung des Gesichts« als »Horrorgeschichte« der Unterwerfung des Körpers, der

Infiltrierung der sinnlosen Körperoberfläche mit einem irgendwie bösen Sinn, denunziert wird. Indem das Gesicht nicht als individuierte Natur, sondern als Modus logozentrischer Kolonisierung des Körpers gedacht wird, erscheint der Körper erst recht als Rohstoff, als krudes Material, zu welchem sich die Individuen aktiv zu machen hätten: »Wenn der Mensch eine Bestimmung hätte, so bestände sie wohl darin, dem Gesicht zu entkommen, das Gesicht und die Erschaffungsweisen des Gesichts aufzulösen ... durch ganz spirituelle und spezielle Arten des Tier-Werdens ..., die dafür sorgen, dass sogar die Gesichtszüge sich endlich der Organisation des Gesichts entziehen und sich dem Gesicht nicht mehr unterordnen lassen«.[5] Einer solchen Desorganisation des Gesichts zur Fratze, die nicht etwa das Leiden der noch immer nicht Mensch gewordenen Kreatur, sondern ihre Befreiung vom Joch der Individualität qua glücklicher Regression zum Barbaren indizieren soll, kann sogar die Mode nützen, sofern sie ihr Glücksversprechen preisgibt und sich zur Verunstaltung dessen in Dienst nehmen lässt, was sie vorher gestalten sollte. Die reflexionslose Affirmation des Hässlichen – nicht als Ausdruck ungeschlichteter Widersprüche, sondern ungebändigter Stärke gegenüber einer schwächlichen Schönheit –, die die Mode der heutigen Upper-Class-Bohème prägt, ist hier bereits angelegt.

Vom Luxus zum Verzicht

Mode, auch wo sie sich, wie in der Neuen Sachlichkeit, asketisch und funktionalistisch gibt, stand stets im Zeichen der Zweckfreiheit. In ihr schien plötzlich, wenngleich auf einem gesellschaftlich vergleichsweise bedeutungslosen Feld, die Aufhebung des Gegensatzes von Nützlichkeit und Spiel, von Kunst und Alltagspraxis unmittelbar aufzuscheinen. Wo diese Einheit des Widersprüchlichen ihr ausgetrieben wird, indem sie ganz und gar der Sphäre des Zwecks subsumiert oder zum Anhängsel disqualifiziert wird, schwindet die Erinnerung an die Freiheit, welche die Mode schon immer eher versprochen als verwirklicht hat. Symptom für diesen Schrumpfungsprozess heute sind der Wandel des Verhältnisses zwischen Luxus und Askese auf dem Feld der Mode sowie das schwindende Bewusstsein um das Verhältnis von Mode und Kultur überhaupt. Stand Askese als Modezeichen früher für einen ausgebildeten Geschmack und war mithin Zeichen von Luxus, hat gerade die ökolinke Alltagskultur der 1970er und 1980er Jahre, die sich längst zur gesamtdeutschen Konsenskultur gemausert hat, den Verzicht zum Prinzip erhoben und einen Modestil entwickelt, in dem Mode sich selbst in ihrer relativen Autonomie ständig negieren muss. In der Bohème der Jahrhundertwende waren es die herabgesunkenen Accessoires der archaisch gewordenen großbürgerlichen Kultur, mit denen die Künstler und Intellektuellen der Lumpenbourgeoisie sich bevorzugt umgaben: Pelze und Samt, Jugendstilmöbel und dicke Teppiche, Schleier, Fracks und Puderquasten. In den Cafés und Haushalten der Berliner und Wiener Bohème sah es jedenfalls eher aus wie in den fiktiven Landhäusern Agatha Christies, die der gleichen Imagerie entstammen, als wie in einer linksautonomen Wohnwagensiedlung. Die Ästhetik der Neuen Sachlichkeit, die dem Ornament den Kampf erklärte, machte Schluss mit solch keineswegs nur ironischem Festhalten an den Relikten einer vergangenen Üppigkeit und versuchte sich an der Liquidation des Gegensatzes von Modeform und Nützlichkeitsprinzip. Obwohl in ihren authentischen Produkten die asketische Formgestalt in ihrer Vollendung stets über sich hinausweist und in diesem Sinne die Askese selbst als Zeichen von Luxus und Zweckfreiheit im Namen einer zur Herrschaft über sich selbst gelangten Menschheit setzt, kündigt sich hier doch bereits jene Tendenz zur Selbstentmächtigung der Mode an, welche die

Neue Sachlichkeit, allem Amerikanismus zum Trotz, von Beginn an als genuin deutsche Angelegenheit kennzeichnet: Im Grunde, so lässt sich etwa den atemberaubenden Tiraden von Adolf Loos gegen Ornament und Schmuck entnehmen,[6] soll das ornamentale Moment der Mode nicht im Namen einer befreiten Gesellschaft abgeschafft werden, die auf die Zeichen des Überflusses verzichten könnte, weil sie ein Leben im Überfluss für alle verwirklicht hätte, sondern es soll getilgt werden als letzte Erinnerung an das Versprechen jenes Überflusses, das alle nur mehr hassen, weil es mit der Wirklichkeit nichts mehr zu tun zu haben scheint. Das Ornament soll liquidiert werden, nicht weil es ein falsches Glück verspricht, sondern weil es ein *falsches* Glück überhaupt noch *verspricht* – nicht seine Lüge, seine Wahrheit erregt Verachtung.

Das neusachliche Pathos der Dezenz, das seinerzeit als Avantgarde galt, ist heute Teil der Alltagsästhetik von Ärzten und gutsituierten Freiberuflern, die auf diese Weise zum Ausdruck bringen, dass sie es sich leisten können, auf die Attribute des Luxus zu verzichten. Linke Milieus bevorzugen dagegen eine andere Form von Kargheit, die als omnipräsente Kultur der Selbstabwrackung inzwischen aus ihrer Mitte in die Mitte der Gesellschaft vorgedrungen ist: Filzige Wursthaarfrisuren, ostentativ zerfetzte Kleidung, Second-Hand-Unterwäsche, mutiger Verzicht auf Parfum und Deodorant sowie ein Schminkstil, der die Gesichtszüge im Sinne von Deleuze/Guattari wahrhaftig vom Gesicht emanzipiert, sind längst nicht mehr Zeichen einer irgendwie linken Gesinnung, sondern bezeugen nur noch das zum Schlecht-Allgemeinen gewordene Interesse, sich von Spießern und Normalos abzusetzen, die selbst längst zu Exoten in einer Gesellschaft wurden, in der noch die Dümmsten schlau genug sind, sich über das kulturelle Mittelmaß zu empören. Die Ostentation des Hässlichen und Ekelhaften, die schamlose Zurschaustellung des Verfemten, die von der Jahrhundertwende bis zu den Anfängen des Punk als Ausdruck eines unversöhnten, aber kollektiv verdrängten gesellschaftlichen Widerspruchs und als Protest gegen ein zur Verdoppelung von Herrschaft degradiertes Schönheitsideal entziffert werden konnte, ist heute selbst zur affirmativen Verdoppelung der omnipräsenten Hässlichkeit und zur Rationalisierung einer Qual verkommen, deren Spuren die in ihrer Ich-Konstitution bis ins Innerste verkrüppelten Individuen nur noch als Bedrohung wahrnehmen. Die Kehrseite des Hässlichkeitskults, mit dem die westlichen Gesellschaften die Restbestände ihrer Zivilisation exorzieren, ist die besinnungslose Bewunderung der »Schönheit« von »fremden Kulturen«, bevorzugt der islamischen, deren repressive Kleidungsvorschriften denn auch gerade unter sich links fühlenden Akademikern nicht als integraler Bestandteil von Herrschaft, sondern eben als Mode wahrgenommen werden. Geschätzt wird Mode also nur noch dort, wo sie als symbolische Praxis zur Liquidation all dessen taugt, wofür sie in ihren Anfängen stand; abgelehnt wird sie, wo sie verwendet wird als Ausdruck und Erinnerung dessen, was sie überhaupt erst hervorgebracht hat: der Sehnsucht nach einem Leben in Genuss und Überfluss, in dem jeder sein individuelles Glück suchen könnte, ohne das der anderen dadurch einzuschränken. Wer diese Sehnsucht der zunehmend unwahrscheinlich werdenden Möglichkeit ihrer Einlösung zum Trotz nicht restlos aufgegeben hat, der wird sich heutzutage wahrscheinlich am ehesten so kleiden und geben, wie es schon die Protagonisten der Kritischen Theorie zum Missfallen ihrer mit »Körperperformances« gegen die »Prüderie« angehenden Feinde getan haben: unauffällig.

Anmerkungen

1 So z.B. früh in Georg Simmels 1905 erschienener *Philosophie der Mode*, neu abgedruckt unter dem Titel *Die Mode*, u.a. in: Ders., Philosophische Kultur. Gesammelte Essays, Berlin 1986, 38 ff.

2 Vgl. Walter Benjamin, Gesammelte Schriften I.2, hg. von Rolf Tiedemann u. Hermann Schweppenhäuser, Frankfurt a. M. 1974, 677.

3 Deutlich wird das in der Zwischenkriegszeit z.B. an Helmuth Plessners Anthropologie, in der die Bilder der Maske und des Schauspielers große Bedeutung haben. Vgl. hierzu insgesamt Helmut Lethen, Verhaltenslehren der Kälte. Lebensversuche zwischen den Kriegen, Frankfurt a. M. 1994.

4 Baudrillard variiert in seinen Texten mehrfach den Topos vom indigenen Leib, der kein Gesicht habe, sondern eines *sei* und sich dadurch vom geschminkten, symbolisch zerstückelten und verdinglichten westlichen Körper unterscheide. Siehe z. B. Ders., Der symbolische Tausch und der Tod, München 1991, 155 ff.

5 Alle Zitate nach: Gilles Deleuze / Félix Guattari, Tausend Plateaus. Kapitalismus und Schizophrenie, Berlin 1992, 229 ff.

6 Loos bezeichnet das Ornament wie die damals modisch werdende Tätowierung des Großstädters als »degenerationserscheinung«: »evolution der kultur ist gleichbedeutend mit dem entfernen des ornamentes aus dem gebrauchsgegenstande«. Vgl. Adolf Loss, Ornament und Verbrechen, Wien 1908, 81 f.

Verflüssigte Männer

Wer dem postmodernen Zeitalter im Stil bildungsbürgerlicher Kulturapostel noch immer Oberflächlichkeit, Kälte und Authentizitätsverlust glaubt attestieren zu können, muss an einer gestörten Wahrnehmung leiden. Im Gegenteil hat seit Jahren eine gewaltige Empfindsamkeitswelle die westliche Welt ergriffen, die sich immer stärker als Ausdruck eines verhärten falschen Bewusstseins erweist, das die eigene Unansprechbarkeit als ganz besondere Form von Offenheit und Zugänglichkeit rationalisiert. Ein mittlerweile selbst historisch gewordenes, aber beispielhaftes Symptom für das Aufkommen dieser falschen Ansprechbarkeit war die popkulturelle Begeisterung für die sogenannten Emos, die vor zehn, zwölf Jahren allseits als softe Variante der Gruftis dafür bewundert wurden, die verführerische, aber irgendwie auch anstößige Nähe zu Leiden und Tod nicht mit mephistophelischer Brachialität auszuagieren, sondern sanft, einfühlsam und nächstenliebend. Beispielhaft hat damals der inzwischen verstorbene *Testcard*-Redakteur Martin Büsser die projektive Aufladung der durch die Emos repräsentierten neuen Gefühligkeit mit vermeintlichen Impulsen radikaler Kritik vollzogen: von Antifolk zu Emocore, von Kimya Dawson, die sich bei ihren Auftritten als Hase oder Hund verkleidet, in ihrem Album *Alphabutt* gemeinsam mit Babies singt und die Büsser fast als Einziger in Deutschland verteidigt und halbwegs bekannt gemacht hat, zum Typus des dauerpubertierenden Androgynen, der sich Spängchen ins Haar steckt und mit »Hello Kitty«-Buttons schmückt.[1] Von der Kindheit zur Kindlichkeit also, von der Sinnlichkeit, in der die widersprüchlichen Bedürfnisse des Sexus lebendig sind, zur geschlechtsneutralen Emotionalität – mit einem Wort, von der Kritik zur Versöhnung.

Neue Emotionalität und Polyamorie

Emotionalität ist die Schwundstufe der Affekte. Pathos nennt sich das artikulierte Bewusstsein ihrer Souveränität, Sinnlichkeit die individuelle Erfahrung ihres Triebgrundes. Emotionalität oder, wie es im 18. Jahrhundert in Gegenbewegung zum virilen Kraftmenschentum der Stürmer und Dränger genannt wurde, Empfindsamkeit ist die Bezeichnung für das, was von den Affekten übrigbleibt, wenn ihr Pathos versiegt und die Sinnlichkeit, als ihr somatisches Korrelat, gründlich verdrängt worden ist. Die Kategorie der Emotionalität hypostasiert als geistige oder seelische Qualität, was doch nur Autonomie besitzt, solange es auf seinen materialen Grund, auf die Triebstruktur der Subjekte und die Vielfalt der sinnlichen Erscheinungswelt als deren Gegenstand, bezogen bleibt. Die Ideologie der Empfindsamkeit lügt sich die Sinnlichkeit zur Sensitivität zurecht, kennt den Sexus allenfalls als Eros und die Liebe nicht als körperliches Begehren, sondern nur noch als Gefühl. Deshalb ist der Emotionalität, sofern sie zum Programm erhoben wird, meistens zu misstrauen: Sie neigt zur Harmonisierung von Widersprüchen, zum naiven Idealismus und zur Sinnesfeindlichkeit. Ihr postmoderner Siegeszug begann mit der Nullkategorie der »Aufmerksamkeit«, die irgendwann in den neunziger Jahren, als überall »Ökonomien« und »Kulturen der Aufmerksamkeit« aus dem Boden schossen, die trennschärferen Begriffe der Erfahrung und Kontemplation zu einem interdisziplinären Brei verkleisterte.[2] Etwa zeitgleich avancierten die »geschlechtersensible Sprache« und die »kulturelle Sensibilität« zu verpflichtenden Kommunikationsnormen, und mittlerweile wird nicht nur in akademischen Diskussionen jedem Widerspruch mit der Aufforderung begegnet, man möge doch bitte für abweichende Meinungen »sensibel« sein. Auch erkenntnistheoretisch geschulte Betriebswirtschaftler haben inzwischen den Wert der »Emotionen« entdeckt und beteiligen sich in diversen Gefühlsclustern an der Archivierung der Affekte. Leider verhält es sich mit dieser Gefühlsrenaissance ähnlich wie mit jenen »Emoticons«, die in E-Mails und Blogs von bornierten Kommunikationsmonaden als Kompensation ihrer zivilisatorischen Defizite eingesetzt werden: Jeder Affekt, ob liebevoll oder idiosynkratisch, zart oder aggressiv, gerinnt zur Fratze des einstigen Substrats, die dem Adressaten in auftrumpfender Schamlosigkeit vor Augen gestellt wird. Wie das »Emoticon« als ikonische Anmache den Affekt ersetzt, der nicht mehr artikuliert und deshalb auch nicht mehr erfahren werden muss – denn nur was sich artikulieren lässt, kann als Erfahrung angeeignet werden –, so injiziert sich eine Gesellschaft, die jeder Vermittlung, insbesondere der Vermittlung der vermeintlichen Unmittelbarkeit des Gefühls, mit Feindschaft begegnet, die zerronnenen Affekte als visuelle Reiz-Reaktions-Signale: Wozu sich die Mühe machen, es auszudrücken, wenn die emotionalen Verkehrsschilder überall verfügbar sind.

Die solch automatisierter Gefühligkeit angemessene Liebesideologie, die auch für das Verständnis des Emo-Kults entscheidend ist, firmiert unter dem Label Polyamorie und erfreut sich als softlinke Gruppentherapie immer noch großer Beliebtheit. Polyamorie reagiert auf die offenbar auch in linken Kreisen nicht länger zu verdrängende Einsicht, dass mit der sexuellen Revolution etwas schiefgelaufen ist, und fungiert als letzter Rettungsanker für Leute, die umso stolzer darauf sind, keine »romantische Zweierbeziehung« zu führen, je unabweisbarer ihnen vor Augen tritt, wie kärglich und verlogen sich die »offenen Beziehungen« ausnehmen, deren sie als Distinktionsmerkmal gegenüber jener »Romantik« bedürfen, die sie mit der Verbissenheit enttäuschter Liebender verachten. Polyamorie bezeichnet eine Form emotionaler Promiskuität, die die Suspension des sexuellen Monogamiegebots, die in der eigenen Lebenswirklichkeit als unbefriedigend empfunden wird, auf die Sphäre der Gefühle ausdehnen will. Weil man, was man weniger aus Einsicht denn aus sexualpolitischer Überzeugung heraus für richtig *erachtet*, nicht als befreiend, sondern im Gegenteil als Zwang *erlebt*, soll die verordnete Libertinage, die eben deshalb nie wirklich eine gewesen ist, mit potenzierter Strenge nun nicht nur das Sexual-, sondern auch das Gefühlsleben der Individuen bestimmen. Der totalitäre Gehalt der Aufforderung, man möge seine Gefühle entgegen der eigenen Neigung dem progressiven Bewusstseinsstand anpassen, muss dabei umso vehementer verleugnet werden, je weniger sich die beschworene erotische Freiheit an eigener Erfahrung konkretisieren lässt.

Die jedem vertraute Erfahrung, dass Affekte stärker als Überzeugungen sein können, dass man also auch dann, wenn man dem Partner und sich selbst jede Freiheit zugesteht, ein anderes sexuelles Verhältnis, über das sich eine »offene Beziehung« doch eigentlich erhaben dünken müsste, als Kränkung empfinden mag, wird im Polyamorie-Diskurs umgemünzt in die Aufforderung, auch im eigenen Gefühlshaushalt jeden Gedanken an Ausschließlichkeit im Namen einer Freiheit zu tilgen, die sich längst von einer konkretisierten Erfahrung zum dekretierten Prinzip verselbständigt hat. Die Emotionen, die kein Mensch unmittelbar *hat*, es sei denn in neurotischer, verschämter, politisierter oder sonstwie pathogener Deformation, und die bestenfalls in geduldiger Hinwendung zum Besonderen, Individuellen, also gerade in einer das Eigentumsprinzip transzendierenden Form von *Treue* überhaupt entwickelt werden könnten, sollen den Individuen von außen, in einer Art emotionaler Lebensreform, verabreicht werden, weil man den Gedanken an Verhältnisse, in denen eine solche Ansage sich erübrigen würde, gar nicht mehr denken kann.

Gerade weil individuelle Liebe nicht betrieben oder praktiziert wird wie ein Geschäft oder Beruf, ist sie ohne das Moment des Ausschließlichen nicht zu denken. Noch in der irresten Obsession schwingt entstellt das Bewusstsein mit, dass das Ganze, das die Liebe will, nur im Besonderen zu finden ist. Wie Eifersucht sich nicht als bloßer Effekt einer verinnerlichten Eigentumslogik abwehren lässt, sondern das angstvolle Bewusstsein um die Unwiederbringlichkeit der geliebten Person zum Ausdruck bringt, so zeugt die Vorstellung vom Einzigen, der wie niemand sonst mir gemäß wäre, nicht einfach von Verblendung, sondern auch von Erkenntnis, die ganz ohne Verblendung nicht zu haben ist. Das je besondere Individuum, das von der Ausschließlichkeit der Liebe fetischisiert wird, ist in seiner monadologischen Form auch Vorschein des Besseren – einer Welt nämlich, in der in der Liebe die menschliche Natur dem Naturzwang entronnen wäre. Aus Angst vor dieser Freiheit setzt Polyamorie an die Stelle des »romantischen« Anspruchs auf Ausschließlichkeit ein vermeintlich buntes, in Wahrheit tristes Nebeneinander der Gefühle und Bedürfnisse, die einander nicht stören, weil sie einander gleichgültig sind. Bewahrt die Ausschließlichkeit der Liebe in der Hypostase des Besonderen die Erinnerung an das, was sich im Individuum dem Tauschprinzip entzieht, das es doch erst hervorgebracht hat, so fingiert Polyamorie die universale Indifferenz als höchste Freiheit. An die Stelle des Ernstes, der allen Liebenden noch in den Momenten der Albernheit, des Spiels und der Ekstase eignet, tritt die Feier des Unernstes, die die Austauschbarkeit der Subjekte sanktioniert.

Weil sie weder vom bürgerlichen noch vom romantischen Liebesbegriff eine Ahnung haben, versteigen sich die Apologeten von Polyamorie bei ihrem Bemühen, eine von irrationalen und anachronistischen Schlacken gereinigte »Beziehungsführung« zu entwickeln, in einen leeren Pragmatismus, der vom schalsten Romantizismus nicht zu unterscheiden ist. Indem sie das am Modell der bürgerlichen Ehe gewonnene Ideal der Monogamie pauschal als »romantisch« verwerfen, verstellen sie sich den Blick auf die Dialektik von bürgerlicher und romantischer Liebe. Letztere ist nicht einfach die Ideologie der ersteren, sondern klagt polemisch ein, was diese nur versprach. Die bürgerliche Ehe als Vertragsmodell, wie es erstmals Kant in der *Metaphysik der Sitten* entfaltet hat, schaffte zumindest formell die unmittelbare Herrschaft ab, als die Sexualität und Liebe in den vorbürgerlichen Formen der Polygamie, aber auch in der als Lebens- und Arbeitsgemeinschaft fungierenden Großfamilie begriffen und gelebt wurden. Die sich mit Konstituierung der bürgerlichen Gesellschaft vollziehende Ausdifferenzierung von Öffentlichkeit und Privatsphäre, Kleinfamilie, Partnerschaft und Erwerbsleben setzt »Liebe« als privilegierte Sphäre der Zweckfreiheit, über deren Gestaltung allein die individuellen Bedürfnisse der Beteiligten entscheiden. Zugleich aber ist der Ehevertrag, der diese Freiheit garantiert, ein reines Abstraktum, das im Namen der eigenen Geltungskraft von allem Individuellen absehen muss[3]. Jene Liebe, die Polyamorie als »romantisch« diffamiert, ist in Wahrheit bereits eine Antwort auf die schlechte Abstraktion des bürgerlichen Ehemodells, gegen das sie geltend macht, was Polyamorie von der »Romantik« zu Unrecht verraten sieht: Individualität, sinnliche Lust und Spontaneität, deren Ansprüche dem Konzept der monogamen Ehe widerstreiten. Da die Apologeten von Polyamorie den Antagonismus zwischen bürgerlicher und romantischer Liebe übersehen, verfallen sie bei ihrem Kampf für die von der »romantischen« Ideologie angeblich geknebelte Vielfalt sinnlicher Bedürfnisse selbst in einen Reglungswahn, der das Vertragsmodell der bürgerlichen Ehe weit in den Schatten stellt. Um es unter gesellschaftlichen Bedingungen, die den Einzelnen zwangsläufig ins Unrecht setzen, im Privaten dennoch allen recht zu machen, wird der Gefühlshaushalt der Individuen einer rigiden Kontrolle unterworfen, wie sie im Rahmen der bürgerlichen Ehe, die sich um das Individuum jenseits seiner formellen Funktion als Vertragspartner nicht schert, undenkbar wäre.

Organisierte Promiskuität

An den Ausführungen von Oliver Schott, der die Grundüberzeugungen von Polyamorie in einer für die Szene unüblichen positivistischen Präzision entwickelt hat[4], lässt die Einheit von Romantizismus und Reglungswut sich beispielhaft studieren. Indem er sein Plädoyer »Dem Leben Schönes schenken« nennt und es mit dem Wunsch enden lässt, wir alle mögen »durch Liebe zu besseren Menschen werden«, revoziert er romantische Ideale, die allerdings bezeichnenderweise von allem Individuellen entleert sind. Im historisch präzisen Sinn »romantisch« wäre es eher, dem *Geliebten* und nicht dem Leben, um das Verliebte sich sympathisch wenig kümmern, Schönes schenken zu wollen, und in der Forderung, sich zu »besseren Menschen« zu entwickeln, klingt jene praktische Ethik an, gegen deren Vorläufer sich die frühromantische Philosophie, der es eher um die *Unerschöpflichkeit* des Menschen ging, besonders vehement gewendet hat. Gerade um eine solche praktische Ethik der Gefühle aber geht es bei Polyamorie. Dass der Versuch, »praktische Konsequenzen« aus der Kritik am »romantischen Modell« zu ziehen, jede Menge Arbeit an sich selbst bedeute, betont auch Schott, wenn er beschreibt, wie sich in polyamourösen Beziehungen Eifersucht überwinden lasse: »Echte Selbstkritik erschöpft sich nicht in der Einsicht, dass Eifersucht dumm ist; man muss auch entsprechend handeln. Das kann dazu führen, dass man sich eine Weile ziemlich schlecht fühlt, aber das gilt auch für den nächsten Zahnarztbesuch.« Von der Frage einmal abgesehen, ob nicht auch die Liebe selber nach Maßgabe der praktischen Vernunft »dumm« ist und gerade darin ihre Dignität hat, soll also für die Eifersucht wie für die Wurzelbehandlung das Prinzip »Da müssen wir durch« gelten. Diese Maxime ist die einzige Antwort, die Polyamorie auf die Erfahrung parat hat, dass fast niemand heute durch Liebe glücklich, aber fast alle durch sie traurig, brutal, verscheucht, unverschämt, infantil oder blödsinnig werden: Man müsse nur schön vernünftig sein und sich ein bisschen zusammenreißen, dann kämen die richtigen Gefühle ganz von selbst.

Weil jede Reflexion über das Schicksal der Gefühle heute bei der Frage ihren Ausgang nehmen müsste, weshalb es so wenig liebenswerte Menschen gibt, warum man selbst kaum zur Liebe fähig ist und was beides miteinander zu tun hat, eine solche Reflexion aber kein gemeinschaftsstiftendes Glaubensangebot bereithielte, investieren die Polyamoristen, denen es nicht um die Fähigkeit zur Liebe, sondern um »Liebesfähigkeit« als Sozialkompetenz geht, ihre Gesprächsenergie in die kollektive Suggestion, dass es allen besser ginge, wenn keiner mehr das ganze Glück, sondern jeder für alle ein Scheibchen erstreben würde. Ein solches »rationales Beziehungsmodell«, so Schott, mache es »einfacher, uneingeschränkt offen und ehrlich miteinander zu sein«: »Man muss weniger Angst haben, dass bestimmte Bedürfnisse oder Neigungen Irritationen hervorrufen, da sie ihren Ort [!] ja auch in anderen Beziehungen finden können. Man muss viele Gefühle nicht mehr verheimlichen, weil sie das Regelwerk [!] der Beziehung nicht mehr beeinträchtigen oder zu zerstören drohen.« Permanent redet Polyamorie von Ehrlichkeit, Offenheit und Transparenz – »Wir haben keine Geheimnisse voreinander«, lautet die Zauberformel –, nie aber vom individuellen Glück und von sinnlicher Lust. Dass die »Bedürfnisse«, um die es bei der Liebe geht, von der geliebten Person untrennbar sind und sich daher nicht umstandslos an andere »Orte« verschieben lassen wie Nachrichten im E-Mail-Ordner; dass Intimität und Heimlichkeit, sei es in Form der behutsam geheimgehaltenen Affäre oder der Tics, Skurrilitäten und Kosenamen, an denen die Geliebten sich erkennen, zum sexuellen Glück dazugehören, ja es wesentlich ausmachen; dass eine Liebe ohne »Irritationen« sich aufgeben würde, weil sie tatsächlich zu jenem »Regelwerk« verkäme, in dem selbst die bürgerliche Ehe sich nie erschöpft hat – das kommt Polyamoristen nicht in den Sinn, weil die innere Triebkraft ihrer Bemühungen nichts anderes ist als die Angst vor dem Geheimnis selbst, als das der Sexus dem verdinglichten Bewusstsein erscheinen muss, das den unerhellten Trieben ebenso blind ausgeliefert ist wie der unbegriffenen Autorität des Über-Ich.

Konsequent befasst sich Polyamorie weder mit dem konkreten Verhältnis zwischen Gefühl und Recht, Sexualität und Moral, um das sich nicht nur Kants »Metaphysik der Sitten«, sondern auch die romantische Liebesphilosophie bemüht, noch mit konkreten sexuellen Bedürfnissen, Ängsten oder Nöten. Die omnipräsente Angst etwa, die sexuellen Wünsche des anderen nicht erfüllen zu können oder die eigene Unerfahrenheit zu verraten, oder auch die Furcht vor den eigenen, möglicherweise destruktiven sexuellen Sehnsüchten – all das Sprachlose, Dunkle, Unbearbeitete, das Sexualität in der gegenwärtigen Gesellschaft notwendig ausmacht, spielt für Polyamoristen keine Rolle mehr angesichts der »realen Gestaltungsmöglichkeiten, die wir heute in unserem Privatleben haben« und die die meisten Menschen lediglich aus mangelnder Einsicht nicht »im Sinne eines moralischen und/oder hedonistischen guten Lebens auszunutzen« wüssten. Entscheide man sich hingegen – und Polyamoristen sind überzeugt, dass jedem diese

Entscheidung offenstehe – im Sinne der praktischen Gefühlsethik für eine vernünftig austarierte Promiskuität, bei der »die Affäre« die »Beziehung zur geliebten Person nicht gefährdet«, »in der Hitze der ersten Liebe« nicht »zu viel Porzellan zerschlagen« werde und niemand »gemäß den überholten Kategorien der Monogamie fühlen und handeln« müsse, trete an die Stelle des unversöhnten Antagonismus ein »verantwortungsbewusster Hedonismus«, der den schalen Kompromiss zwischen romantischer Sehnsucht und ernüchterndem Alltag schon im Namen trägt. Hedonismus freilich ist schon in der Antike keine Lehre vom erfüllten Glück, sondern eine Ethik der beschränkten Genüsse, die den verinnerlichten Verzicht voraussetzt.[5] Ganz in diesem Sinne empfiehlt Polyamorie sich als zeitgemäße Psychotechnik, die den Menschen, denen die Zwecke ihres Daseins so fremd geworden sind wie die eigenen Gefühle, die Vereinbarkeit des Unvereinbaren verspricht: Enthusiasmus und Vernunft kommen bestens miteinander aus, wenn alles seinen Ort und seine Zeit hat, niemand überreagiert und keiner dem anderen größeren Zwang antut als sich selbst.

Der empfindsame Mann

In diesem Dunstkreis der dem Individuum gleichsam nach seinem gesellschaftlichen Tod als therapeutische Ergänzung seiner verkümmerten Vernunft verabreichten Gefühle kommt die Figur des »empfindsamen Mannes« auf, die so paradigmatisch für die Postmoderne ist und deren inzwischen verblassendes popkulturelles Bild der Emo war. Ästhetisch und atmosphärisch verdankte sich Emocore zwei Quellen, zu denen es zugleich in einen Gegensatz trat: dem Hardcore- und dem Grufti-Milieu. Vom Hardcore übernahm Emocore einen gewissen ästhetischen Expressionismus, eine Emphase der Authentizität und Unmittelbarkeit, die gegenüber der vermeintlichen Glätte postmoderner Abgeklärtheit einen reizvollen Kontrast bildet. Dezidiert wandte sich Emo jedoch gegen die aggressive Virilität, den Wutkult und gegen das brachiale Männerbild, dem es das Bild des sensitiven Mannes sowie eine allgemeine Androgynität, ein Schwanken zwischen den Geschlechterrollen, entgegensetzte. Sein Modus der Expressivität war nicht die Wut, sondern die Trauer, die sich freilich nicht mehr auf konkrete Verlusterfahrungen, sondern eher auf einen nebulösen Weltverlust bezog.

Musikalisch realisierte sich die Akzentverlagerung von Hardcore zu Emocore im charakteristischen Wechsel zwischen lauten und leisen, geflüsterten und geschrienen Passagen, in einer Verschränkung von Expressivität und Innerlichkeit, worin sich die für Emocore typische Fetischisierung der Pubertät als Phase ostentativer Unreife ausspricht. In ihr sind die Frustrationen über die unbefriedigende Wirklichkeit zwar noch nicht nach Maßgabe des Realitätsprinzips gemildert, vermögen sich jedoch ebenso wenig zu konkretisieren, sondern bleiben in der Erfahrung narzisstischer Kränkung stecken, die das empfindsame Ich seiner Mitwelt trotzig als Opfermal entgegenhält. In der Verklärung von Passivität und Unentschiedenheit sowie in der Vorliebe für gemischte Stimmungslagen, für Nachdenklichkeit und Melancholie, waren die Emos den Gruftis ähnlich, von denen sie sich durch Verzicht auf mystische Spintisiererei sowie durch einen spielerischen Umgang mit sich selbst und anderen unterschieden.

Die Tatsache, dass Emos vor allem in Lateinamerika, aber auch in südeuropäischen Ländern verfolgt, als »Schwuchteln« beschimpft und attackiert werden, wurde als Argument für das subversive Potential ihrer Ästhetik und Lebensweise in Anschlag gebracht. Ihr am asiatischen Männerbild orientierter, feingliedriger Look erschien als Gegenentwurf nicht nur zum Wutkult des Hardcore, sondern auch zum lateinamerikanischen Machismo, wie er sich unter multikulturalistischen Linken immer noch kritikloser Beliebtheit erfreut.

Dass Emos wegen solcher, tatsächlicher oder auch nur vorgestellter, Eigenschaften relativ sympathisch waren, sollte jedoch nicht darüber hinwegtäuschen, dass der Kult um sie demselben Bedürfnis entsprang wie das Revival von Emotionalität und Sensitivität: der Sehnsucht nach konfliktloser Auflösung von Widersprüchen, wie sie sich im allseitigen Lob der Androgynität ausspricht. In einer Verteidigung der Emo-Kultur für die *Jungle World* hat Martin Büsser die wichtigsten Elemente dieser Sehnsucht zusammengetragen[6]. Dort erzählt er eingangs einige Emo-Witze (»Wieso sind Emos ab zwölf Uhr nicht mehr in Kneipen anzutreffen? – Weil dann die Happy Hour beginnt!«), um fortzufahren: »Der diskriminierende Inhalt der Witze, die über Emos gemacht werden, macht bereits deutlich, was dieser eher *introvertierten, defensiven* Gruppe vorgeworfen wird, nämlich dass sie an der Welt *leidet*. Eines der beliebten Stereotype über die Emos ist, dass sie sich ständig ›ritzen‹, also Schnittwunden zufügen. Dies ist allerdings nichts, was für Emos spezifisch ist. Auch die Punks haben unter den gesellschaftlichen Verhältnissen gelitten und ihren Frust in Ritualen der Selbstzerstörung zum Ausdruck gebracht. […] Doch nicht das Leiden an der Welt alleine schürt den Hass auf Emos, auch nicht deren mehr oder weniger exzentrisches Outfit, etwa die schwarz gefärbten Haare und Fingernägel. Wäre dem so, müssten Anhänger der Gothic-Bewegung ähnlichen Anfeindungen ausgesetzt sein, was nicht der Fall ist. Das Motiv für die Feindseligkeit gegenüber den Emos besteht in der Verbindung all dessen mit einem defensiven, androgynen Auftreten. Sämtliche in Internet-Foren kursierenden Äußerungen gegen Emos sind latent, bisweilen auch offen homophob. In einem Yahoo-Forum äußert sich ein Blogger: ›Wir fanden heraus, es gibt prozentual berechnet mehr Emos, die sich von dem gleichen Geschlecht angezogen fühlen, als normale Menschen.‹ Und er unterstreicht sein Verständnis von Normalität wenige Zeilen später mit dem Verweis auf die Musik: ›Emos denken auch, dass sie ›Rock‹-Musik hören, das stimmt aber nicht, es sind nur Möchtegernrocker. In der Rockerszene sind diese Art von Lebewesen recht unbeliebt.‹ Homosexualität ist nach Ansicht derer, die Emos hassen, -etwas Defizitäres und damit genauso ›unecht‹ wie die Musik, die von den Emos gehört wird. In dieser reaktionären Verknüpfung, die auf eine wie auch immer umrissene ›Normalität‹ und Rock-Authentizität beharrt, drückt sich die *typisch männliche* Angst vor Brüchen und Ambivalenzen aus, vor dem Ungenauen und dem Undefinierten, mit dem Emos spielerisch umgehen. Zusätzlich ist diese Angst an einen diffusen Hass auf alles Intellektuelle gekoppelt, was darin zum Ausdruck kommt, dass im Zusammenhang mit Emos stets von ›verwöhnten Muttersöhnchen-Gymnasiasten‹ die Rede ist. Das Zusammenspiel von *Androgynität*, ›Weichheit‹ und vergleichsweise hohem Bildungsstand stellt für die Gegner ein Maximum an Bedrohung ihrer *männlichen Hegemonie* dar«.

Es ist bezeichnend, wie hier aus der Diagnose der »Diskriminierung« einer Subkultur darauf geschlossen wird, dass diese Gruppe unmittelbar und substantiell eben wegen ihrer Marginalität und ihres Leidens das gesellschaftlich Bessere vorstelle, und dieses Bessere dann auch noch als Kampf gegen eine vermeintliche »männliche Hegemonie« an den Gender- und Queerdiskurs angedockt wird. Ganz abgesehen davon, dass es gerade in homosexuellen Subkulturen teilweise aggressive Formen »männlicher Hegemonie« und in Transgender- und Queer-Milieus eine habitualisierte Ablehnung gegenüber »introvertierten« Menschen gibt, bleibt die Frage, was »Leiden« und »Defensivität« zu einer derart wünschenswerten Haltung machen soll. Zumindest in weiten Teilen des Punk waren die »Rituale der Selbstzerstörung« nie einfach nur Ausdruck von Frust und Leiden, sondern durchaus auch von

Selbstbewusstsein, also von einer, sich allerdings vorerst destruktiv artikulierenden Widerständigkeit. Auch die Rocker-Szene war in ihrem Umgang mit szeneinternen Frauen, vor allem aber mit Angehörigen älterer Generationen, sensibler als Büssers Text nahelegt, der ein Klischeebild des »Rockers« als schwulenfeindlichem Haudrauf zeichnet. Möglicherweise lassen sich die identitären Momente dieser Szenekulturen – ihre *Angst* vor dem »Ungenauen«, vor »Brüchen und Ambivalenzen« – als verzerrter Ausdruck des Bewusstseins entziffern, dass es, um einer schlechten Wirklichkeit widerstehen zu können, eben nicht ausreicht, an ihr zu leiden. Gerade gegenüber dem Vorschein von Autonomie, der sich in solcher Emphase von Wut und Aggressivität *auch* kundtut, erweist sich der defensive, introvertierte Charakter der Emo-Kultur als fragwürdig, werden doch hier Eigenschaften, die ihrem Sympathiewert zum Trotz ohnmächtig bleiben müssen, solange ihnen jeder Begriff emphatischer Selbstidentität abgeht, als Erscheinungsformen einer begrüßenswerten neuen Innerlichkeit gefeiert.

Ähnlich problematisch ist der seltsam vage Status, den Sexualität im popkulturellen Emo-Diskurs einnahm und der durch die Witze über »verwöhnte Muttersöhnchen-Gymnasiasten« ungewollt recht präzise umrissen ist. Rückt diese Metaphorik die Emos doch in den Kontext einer unerwachsenen, gleichsam im Stadium immerwährender Pubertät zerfließenden Männlichkeit, deren ökonomische und gesellschaftliche Produktivitätskrise durch einen Kult ätherischer Vergeistigung und Sensitivität kompensiert werden soll. Die psychische Disposition, die dieser Haltung entspricht, ähnelt tatsächlich bis in ihren körperästhetischen Ausdruck hinein dem Ästhetizismus und Dilettantismus der »Sohnesgeneration« des Fin de Siècle mit ihrer Feier ökonomischer, ästhetischer und biologischer Unproduktivität. Damit stehen die Emos in der spätbürgerlichen Tradition der zuspätgekommenen

Erben, die die fragwürdige Hinterlassenschaft ihrer Eltern weder antreten können noch wollen, aber auch unfähig zur Spontaneität des Neuanfangs sind. Konsequent artikuliert sich Sexualität in der Emo-Ästhetik, auch darin steht sie dem Ästhetizismus und Jugendstil nahe, primär als ätherisches, vergeistigtes Vermögen, das zwar gegen die bürgerliche Fetischisierung von Sexualität als biologische Reproduktion in Stellung gebracht wird, zugleich aber in einer Verherrlichung des Vagen, Unentschiedenen – und damit auch der Entscheidungslosigkeit und Handlungsunfähigkeit – folgenlos verrinnt. Im Umfeld der spätbürgerlichen Subkulturen figurieren die Emos gewissermaßen als entbrutalisierte Punk-Sensibelchen, die sich die Verweigerung von Produktivität, wie sie sich im Punk destruktiv gegen die Gesellschaft wendet, als Kultus hehrer Innerlichkeit zueignen. Im Gegensatz zur Körperästhetik des Hardcore und Punk wird Sexualität damit zwar durchaus als etwas Fragiles, im einzelnen Individuum noch Unausgetragenes wahrgenommen, dem eine Ästhetik brachialen Selbstausdrucks nicht gerecht wird, zugleich jedoch als entsinnlichter Impuls, in den sich das Emo-Ich ebenso ziel- wie folgenlos vergrübeln darf, ohne jemals zur Sache kommen zu müssen. Solch entsinnlichte Unentschiedenheit, die den gesellschaftlichen Antagonismus eher erträgt, statt ihn auszutragen, passt zum Ethos der Selbstzurücknahme und permanenten Moderation, das Polyamorie predigt, um aus der Sexualität die Erfahrung der Einheit von Schmerz und Glück zu tilgen und Beziehungskonflikte zur Sache von Verhandlung statt von Streit zu erklären.

Verlängerte Pubertät

Diese Fetischisierung von Passivität wird ignoriert, wenn man sich wie Büsser darüber begeistert, die Emos seien »ein scheuer, aber wirkungsvoller Widerhall« des »alten Verständnisses von Jugend- und Subkultur«: »Sie nehmen sich das Recht zum Tagtraum, zum Grübeln und Schwelgen, sie gönnen sich eine verlängerte Pubertät«. Untermauert wird diese Behauptung mit einem Zitat Adornos, der in seinem Essay »Zum Verhältnis von Soziologie und Psychologie« zur Verteidigung der Pubertät als autonomer Lebensphase schreibt: »Der Geist, der sich von den unmittelbaren Zwecken distanziert, und dem dazu jene paar Jahre die Möglichkeit geben, in denen er über seine Kräfte verfügt, ehe diese der Zwang zum Erwerb des Lebens absorbiert und abstumpft, wird als bloßer Narzissmus verleumdet.« Wo Adorno aber das Eigenrecht der Pubertät, also jener »paar Jahre«, in denen man »über seine Kräfte verfügt«, gegenüber dem Primat der »unmittelbaren Zwecke« und des »Zwangs zum Erwerb« geltend macht, wird bei Büsser eine »*verlängerte* Pubertät« gelobt, die gar nicht mehr das Ziel hat, irgendwann in eine, diesmal vielleicht endlich menschenfreundliche Form des Erwachsenseins zu münden. Wo bei Adorno das Bewusstsein präsent bleibt, dass »jene paar Jahre« immer schon unter dem Druck der drohenden »Absorption« stehen, es also der Reflexion und vor allem einer gewissen Widerständigkeit des Einzelnen bedarf, um jene »Kräfte«, die ihm geborgt sind, festzuhalten und zu entwickeln, ist bei Büsser die »verlängerte Pubertät« etwas, das man sich »gönnt« wie einen Sonderurlaub. An die Stelle der erwachenden Sexualität, mit deren Ängsten, Konflikten und Wunden sich die allermeisten Menschen ihr ganzes Leben lang herumschlagen und die bei Büsser überhaupt nicht mehr erwähnt wird, treten als Charakteristika der Pubertät wie in einem Echo auf Blochs idealistisch verkitschten Marxismus »das Recht zum Tagtraum« und zum, wohlgemerkt gegenstandslosen, »Grübeln und Schwelgen«. Es geht also gerade nicht um die nie ohne Wunden verlaufende Anstrengung, die dem sich entwickelnden Selbst bedrohlich gegenübertretenden Aspekte der eigenen Sexualität zu integrieren, ihre Ansprüche mit denen der Wirklichkeit zu vermitteln, es geht überhaupt nicht mehr um *Vermittlung*, sondern um *Stillstand*, um eine im Namen des »Leidens« an »der Welt« verweigerte Individuation, die mit ihrem Lob der Introversion und des Träumens Fähigkeiten, die nur als individuelle entwickelt werden können, als gemeinschaftsstiftende Eigenschaften einer Gruppe ausgibt.

Der Zweck, in dessen Dienst diese Eigenschaften genommen werden sollen und der sie als derart wünschenswert erscheinen lässt, ist allerdings entgegen Büssers männerkritischer Diktion weiterhin ein genuin männlicher. Das geschlechterpolitische Konzept von Emo besteht nämlich keineswegs in einer irgendwie subversiven Transgression der Grenze zwischen den Geschlechtern, sondern in einer Selbstfeminisierung des Mannes, die es dem (mit Vorliebe pop- oder subkulturellen) männlichen Subjekt erlaubt, sich als weiblich begriffene Eigenschaften als unproblematischen Bestandteil seines eigenen Selbst zuzueignen. Emo ist also kein Modell für eine kulturrevolutionäre Selbstentäußerung, sondern ein Aneignungsmodell und gerade darin der vielgepriesenen Androgynität bedenklich nahe, die immer schon ein erzreaktionäres Konzept gewesen ist. Im Gegensatz zu Butlers Begriff der Gendertransgression, der das Übertreiben, Überspielen und Collagieren von als »natürlich« erachteten Rollenmustern meint, bezeichnet Androgynität die gesamte Begriffsgeschichte seit Platon hindurch die konfliktlose Versöhnung »männlicher« und »weiblicher« Geschlechtseigenschaften in einem feminisierten, aber männlichen Idealselbst, das qua Verschmelzung mit dem »Weiblichen« endlich der glücklichen Erfahrung seiner zuvor verdrängten »weiblichen Anteile« teilhaftig werden darf, ohne dabei in seiner Identität ernsthaft infragegestellt zu werden.[7] Die simple Tatsache, dass männliche Emos zwar androgyn aussehen und sich in Mode und Gestik »feminisieren«, weibliche Emos sich aber keineswegs »vermännlichen«, sondern durch androgyne Selbststilisierung sogar eher noch traditionell »weibliche« Aspekte des eigenen Looks unterstreichen, wird bei der Beschäftigung mit der Emo-Kultur denn auch regelmäßig unterschlagen. Gerade aber in der Feier von »Überschreitung« und »Verflüssigung« männlicher Identität als angeblich kulturrevolutionärer Entgrenzung ist der Emo-Diskurs symptomatisch für eine Tendenz der gesamten Gender- und Queer-Debatte, bei der es immer seltener um konkrete homo- oder transsexuelle Menschen oder um den Herrschaftscharakter von Geschlechterverhältnissen geht, sondern um die Denunziation *jeglicher*, wie auch immer bestimmter, sexueller Identität im Namen eines diffusen Dazwischenseins, Shiftens und Nomadisierens, das nichts anderes ist als die Verdoppelung der gesellschaftlichen Unmöglichkeit zur Individuation, die das »männliche Subjekt«, das die ideologische Urform bürgerlicher Individualität darstellt, in besonders offensichtlicher Weise bedroht. All der selbst schon wieder beinahe aggressiven Beschwörung von Scheu und Introversion – weniges ist im alltäglichen Umgang so unangenehm wie penetrante Schüchternheit – geht es in Wahrheit nicht darum, »feminine«, »weiche« oder »zarte« Anteile des eigenen Selbst endlich »zulassen« zu dürfen, sondern im Gegenteil darum, die gesellschaftlich längst virulente Erfahrung der Brüchigkeit und Ambivalenz des männlichen Geschlechtscharakters durch Integration in ein androgynes Versöhnungsmodell zu exorzieren. Insofern stellt der Typus des fragilen Mannes, wie er von Emo entworfen wird, den idealen polyamorösen Verhandlungspartner dar: Bereit zur Selbstzurücknahme, ohne stabiles Ich und ohne identitäre Mucken, stellt seine Schwäche zugleich eine Stärke dar, mittels derer er sich gegenüber den älteren bürgerlichen Modellen seines Geschlechts als flexiblere und realitätstauglichere Spezies behaupten kann. Die »Emotionalität«, die seine Fans als Bekenntnis zu einer gesellschaftlich verdrängten Qualität begreifen, ist in Wahrheit ein Mittel der geschmeidigeren Anpassung an eben diese Wirklichkeit.

Lob der Kälte

Nur scheinbar steht der postmoderne Hype von Emotionalität, empfindsamer Liebe und gefühliger Unentschiedenheit im Gegensatz zum altgedienten Vorurteil, die Postmoderne sei eine Ära der Kälte, der Oberflächlichkeit und des Scheins, der fröhlichen Affirmation von Verdinglichung und Entfremdung. Deren authentischer Kultus ist vielmehr längst Geschichte und war ein genuines Phänomen der Moderne[8]. Seine wichtigsten geschlechtertypologischen Erscheinungsformen waren der Vamp und der Dandy, seine emphatischen Ausdrucksformen Mode und Maskerade. Obwohl auch der Dandy sich als »feminisierter« Mann und der Vamp sich als Frau beschreiben lässt, die sich den Gestus »männlicher« Souveränität und Kälte zugeeignet hat, erscheinen beide Typen im Zeitalter postmoderner Emotionalität, das Geschlechterdiffusion und »Metrosexualität« als neueste Entdeckung preist, zurückgeblieben und anachronistisch. Während Polyamorie und unter dem Schlagwort der Emotionalität an der reibungslosen Versöhnung von Welt und Selbst arbeiten, gewinnen Dandy und Vamp gerade aus dem Ausspielen der Antagonismen, die künstlich übertrieben und stilisiert werden, ihre erotische Kraft. Die postmoderne Emotionalität zielt auf eine universale Weichheit, eine Art schaumstoffgeschützte Zivilgesellschaft, in der alle Konflikte verhandelbar sind, Identitäten a priori brüchig und prekär sein müssen und jeder Affekt großzügig und dankbar sein eigenes Gegenteil zulässt. Die moderne Kälte von Herz und Habitus dagegen, wie sie der Dandy und der Vamp verkörpern, betont die schroffen Gegensätze, um sie aus der Spannung des Antagonismus heraus ineinander umschlagen zu lassen: Wie der Vamp sich durch Mode und Schminke so sehr zur »Frau« stilisiert, dass seine Weiblichkeit in bedrohliche Souveränität, seine Schönheit in Dämonie umschlägt, so kultiviert der Dandy Distanz und Sachlichkeit, Ungerührtheit und Unberührbarkeit so exzessiv, dass sie eine Attraktionskraft entfalten, wie Rührung und Affektivität sie nie entfachen könnten. Ihre Kälte, die schon von Zeitgenossen als Symptom typisch »moderner« Entfremdung diffamiert wurde, bewahrt in Wahrheit das Bewusstsein um die Zerbrechlichkeit des Herzens, den Schmerz aller Lust und um die unversöhnte Wirklichkeit, das von der postmodernen Indienstnahme der Emotionen als Gesellschaftskitt verraten wird.

Anmerkungen

1 Vgl. Martin Büsser / Jonas Engelmann / Ingo Rüdiger (Hgg.), Emo. Porträt einer Szene, Mainz 2009.

2 Exemplarisch bei Georg Franck, Ökonomie der Aufmerksamkeit. Ein Entwurf. München, Wien 1998.

3 Claudia Honegger, Die Ordnung der Geschlechter. Die Wissenschaften vom Menschen und das Weib 1750-1850, Frankfurt a. M. 1991.

4 Oliver Schott, Dem Leben Schönes schenken. Warum ist heute die Monogamie auch in linken Milieus die gängige Form der Liebesbeziehung?, in: *Jungle World* 35 (2007), Dossier, alle folgenden Zitate aus diesem Text.

5 Herbert Marcuse, Zur Kritik des Hedonismus, in: Ders.: Kultur und Gesellschaft I, Frankfurt a. M. 1967.

6 Martin Büsser, Die zarteste Versuchung. Niemand kann die Emos leiden. Doch die Motive hinter dem neuen Feindbild sind allesamt reaktionär. Ein Plädoyer für die Emos, in: *Jungle World* 33 (2008), alle folgenden Zitate aus diesem Text.

7 Achim Aurnhammer, Androgynie. Studien zu einem Motiv in der europäischen Literatur, Köln, Weimar, Wien 1986.

8 Helmut Lethen, Verhaltenslehren der Kälte. Lebensversuche zwischen den Kriegen, Frankfurt a. M. 1994.

Das liquidierte Triebschicksal

In ihrem Buch *Vielen Dank für das Leben* erzählt Sibylle Berg in Form eines zeitgenössischen Schelmenromans die Geschichte des Hermaphroditen Toto, der 1966 in der DDR als Kind einer Mutter, die damals vom sozialistischen Regime wahrscheinlich als »Gammlerin« bezeichnet worden wäre, und eines ihm unbekannten Vaters zur Welt kommt. Von einer Gesellschaftssatire entwickelt sich das Buch zu einer Dystopie, die im Jahr 2030 mit dem Tod des Protagonisten endet und damit deutlich macht, dass es keinen Bruch zwischen schlimmer Gegenwart und schlimmerer Zukunft gibt, weil diese in jener schon angelegt und lebendig ist, auch wenn sie nicht notwendig aus ihr folgt. Im Laufe des Romans wechselt der als Waise aufgewachsene Toto in doppelter Hinsicht die Seiten: Eine Dissidentengruppe schleust ihn, der aufgrund seines unklaren Geschlechts Befremden erregt und als ewiges Kind, wegen seines massigen Körpers aber auch älter als seine Altersgenossen erscheint, in die Bundesrepublik. Dort lebt er, als unansehnlicher junger Mann rubriziert, wie ein Tippelbruder und findet Arbeit, wo jemand wie er einzig geduldet ist, in Spelunken und Varietés. Dort auch entscheidet er sich, als Frau zu leben, eine Geschlechtsoperation wird ihm durch einen sexuell interessierten Mann ermöglicht. Doch nicht, weil er sich weiblich fühlen würde, geschweige denn, weil er im »falschen Körper« zu stecken meint, identifiziert Toto sich als Frau – den Körper, den er nun einmal hat, findet er eigentlich ganz in Ordnung –, sondern weil er zu ahnen meint, dass seine soziale Außenseiterstellung ihn eher als den Männern den Frauen annähert, zu denen er trotzdem nicht gehört: »Toto war sie. Sie, Frau Toto, den Namen behielt sie, das Geschlecht im Pass auch, es war egal. Es fühlte sich einfach besser an auf der weiblichen Seite [...]. Nichts würde doch an ihrem seltsamen Aussehen etwas ändern, das wusste sie selber, man würde sie weiter anstarren, aber das war egal. Irgendeinen Platz am Rande der Gesellschaft, bei den Freaks, würde sie schon finden. Dort war ihr wohl, bei all denen, die auch keine Idee hatten, es aber anders wollten. Friedlicher, toleranter, irgendwas mit Einhörnern wollten sie, und dass jeder den anderen in Ruhe ließ.«[1] Doch in Ruhe gelassen wird Toto auch von den Freaks nicht, die nicht friedfertiger sind als die Normalen. Abgesehen davon, dass das Buch Toto fortan »sie« statt »er« nennt, ändert sich an der Misere von Totos Leben durch den Wechsel des Geschlechts so wenig wie durch den Wechsel vom Osten in den Westen. Der Übergang von der historischen Gegenwart in die dystopische Zukunft vollzieht sich gleichfalls fließend, die Differenz zwischen Vergangenem und Künftigem scheint wie die zwischen Männlichkeit und Weiblichkeit, Kapitalismus und Sozialismus jegliches qualitative Moment eingebüßt zu haben. Konsequent trägt das erste Kapitel, das Totos Geburt beschreibt, die Überschrift »Und los«, fast alle anderen sind betitelt mit: »Und weiter«.

Gleichwohl kommt in Toto, in dessen Name das *Ganze* ebenso wie der *Zufall* steckt, die Unteilbarkeit des Sexus, dessen Erscheinungsform als Zweigeschlechtlichkeit ihn als unversöhnte Einheit ausweist, zur Anschauung. Das anatomische Faktum, dass er sich keinem der beiden Geschlechter zuordnen lässt, verwandelt sich am Beispiel Totos in die Erkenntnis, dass er, weil doch unabweisbar dem Geschlecht der Menschen angehörend, auch mit beiden Geschlechtern etwas gemeinsam haben muss, ohne *zu* einem von beiden zu gehören. Wenn die empirischen Vertreter beider Geschlechter ihn trotzdem als unnütze Komplikation des täglichen

Lebensvollzugs ansehen oder, wie sein Kinderfreund Kasimir, der später als unternehmerisch erfolgreicher Schwuler Toto wieder begegnet, nur Lust daran finden, ihn zu erniedrigen, so liegt das nicht in Totos Zugehörigkeit zu einer ausgegrenzten Minorität begründet, sondern darin, dass er *gerade in seinem Anderssein* wie alle ist, wovon die anderen wiederum nichts wissen wollen. Der unglückliche Zufall, als den die Ärzte Totos Hermaphroditismus verniedlichen, wird in Totos Erfahrung, die das Buch entfaltet, zur Chiffre dieses falschen Ganzen. Was die anderen Menschen ihm antun, tut die Menschheit, die eben deshalb noch keine ist, täglich sich selber an, doch nur indem sie es Toto antun, vermögen sie diesen Selbstverrat in die Stärkung ihres Selbst umzumünzen. »Ich bin ein Nichts«, sagt Toto zu dem Arzt, der ihn endlich mit »rechtschaffenen Genitalien« auszustatten verspricht, aber der Arzt beruhigt: »Nun, […] so hart würde ich es jetzt nicht formulieren. Heute nennt man Menschen wie Sie Intersexuelle, Sie leiden an einer geschlechtlichen Unklarheit.«[2] Es macht den Rang von Bergs Buch aus, dass es den Primat anatomischer Eindeutigkeit, wie er in der Rede des Arztes persifliert wird, nicht zum Terror der Heteronormativität stilisiert, dem Totos Hermaphroditismus positiv gegenübergestellt würde. Vielmehr reflektiert der Roman, wenn Toto sein juridisches Geschlecht »egal« ist, oder indem ausgesprochen wird, dass diejenigen, die früher »ein Nichts« waren, heute »Intersexuelle« heißen, den Fetischismus sexueller Identität, der durch Erfindung multipler Genderidentitäten auf die Spitze getrieben wird, als zeitgemäßen Modus der Liquidierung des Sexus. Dieser ist, wie es in Totos Namen chiffriert ist, unteilbar und genau deshalb ein rotes Tuch für alle Propagandisten *teilbarer*, also zuteilbarer, konzessionierter, vergesellschafteter Sexualität.

Juridisches und soziales Geschlecht

Anders als es in Michel Foucaults Studie zu dem Hermaphroditen Hercoline Barbin geschieht,[3] stilisiert Berg Totos Leben zwischen den Polen der Zweigeschlechtlichkeit weder zum Hort subversiver Erfahrungen, noch hypostasiert sie Intersexualität zu einem »dritten Geschlecht«. Vielmehr ist ihr Roman an der Außergewöhnlichkeit von Totos Geschlechtlichkeit im Grunde so wenig interessiert wie Toto selbst, der anders als alle, die ihm begegnen, nichts gegen seinen Körper einzuwenden hat und erst recht nicht ständig darüber politisiert, weil für ihn – in solcher radikalen Naivität ist er der Schelmenfigur im Barockroman verwandt – alles in der Welt, und daher auch jeder Mensch, der ihm begegnet, ungewöhnlich und besonders ist, und er nicht einzusehen vermag, wie etwas oder jemand besonderer als all das andere Besondere sein soll. Gerade also, weil ihr Buch kein Roman über Intersexualität ist, weil es sich nicht der Propaganda für einen politischen Allgemeinbegriff, sondern einzig der Erfahrung seiner Hauptfigur verschreibt, verdiente es wiedergelesen zu werden in einer Zeit, in der die in den westlichen Staaten immer mehr zur Regierungspolitik aufsteigende Genderpolitik sich offen als iden titärer Kult bekennt, der in der Beschwörung diverser sexueller »Identitäten« auf die Liquidation des Sexus hinauswill, welcher seinerseits jeglicher Identität widerspricht. Weil im Begriff des Sexus mitgesetzt ist, dass alle Menschen jenseits ihrer jeweiligen sexuellen Neigungen oder Geschlechterrollen als *Geschlechtswesen* an der gleichen Möglichkeit von Erfahrung teilhaben, ist in ihm der Gedanke der Unteilbarkeit des Menschengeschlechts antizipiert. Wie schlecht es um diesen Gedanken steht, lässt sich daran ablesen, dass in den Debatten um das »dritte Geschlecht«, dessen Eintrag im Geburtenregister mit Entscheidung des BVerfG vom 10. Oktober 2017 durch die Kategorie »divers« ermöglicht worden ist,[4] die formaljuristische Frage des Geburten- und Passeintrags, die Toto »egal« ist, von Verteidigern wie Gegnern dieser Entscheidung identitätspolitisch wahnhaft aufgeladen wird. Die Genderisten, für die sonst doch jeder Begriff und jedes Urteil unabhängig von ihrer Triftigkeit »Zuschreibungen« sind, kommen ausgerechnet bei der Frage des juridischen Geschlechts nicht auf die Idee, dass es sich hierbei zur Abwechslung einmal tatsächlich nur um eine Zuschreibung, um eine nicht besonders trennscharfe und deshalb die Menschen nicht bösartig klassifizierende Kategorie handeln könnte.[5] Die Gegner der Rechtsreform wiederum, die sich vor allem in der »Männerbewegung« finden, bestätigen den Verdacht, dass es sich bei ihnen um spiegelbildlich irre Doppelgänger der Genderaktivisten handelt, weil sie genau wie diese, nur mit gegenteiliger Bewertung, der Einführung der neuen Kategorie staatsstreichhafte Qualitäten andichten; so werfen sie etwa auf der Internet-Plattform *Freie Welt* dem BVerfG vor, es habe ein neues Geschlecht »erfunden«.[6] Indessen verändern Worte nicht die Welt, sondern reflektieren deren Veränderung. Die Worte »männlich« und »weiblich« als Identitätsbezeichnungen in Geburtenregister und Pass sind sogar ziemlich vage, gemessen am Zweck der Identifikation einer Person. Eben darin ist ihre Humanität begründet: »Mann« und »Frau« in dem formaljuristischen Sinn, der Ämter allein interessiert, müssen weder »männlich« noch »weiblich«, geschweige denn der heterosexuellen Matrix gemäß normierte, fortpflanzungsorientierte Staatsbürger sein. Dem bürgerlichen Staat genügt, dass ihre Genitalien als männlich oder weiblich durchgehen; was sie damit anstellen, ist ihre Privatsache, deren freier Verfolg ihnen freilich ebenfalls gesetzlich im Sinne bürgerlicher Rechtsgleichheit zu garantieren ist.

Weil aber beispielsweise das Ehe- und Scheidungsrecht mit dem Personenstandsrecht verwoben ist, können aus dem Zusammenspiel beider Diskriminierungen entstehen, die in der geltenden

Rechtsordnung aufzuheben Pflicht des Gesetzgebers ist. So waren bis zum Oktober 2017 wegen Nichtanerkennung der gleichgeschlechtlichen Ehe Partner, von denen sich einer während der Ehe einem geschlechtsumwandelnden Eingriff unterzog, gezwungen, sich scheiden zu lassen, damit ihr neuer Personenstand anerkannt werden konnte.[7] Familien- und eherechtlich war auch die bis 2013 geltende personenstandsrechtliche Bestimmung begründet worden, dass jedem Kind unmittelbar nach der Geburt eines der beiden Geschlechter zugewiesen werden müsse. Seit 2013 ist bei Vorliegen einer Zwischengeschlechtlichkeit das Freilassen der Angabe möglich, seit Oktober 2017 die Eintragung der »dritten Option«, die sich weiterhin am anatomischen Geschlecht und nicht an der geschlechtlichen Selbstzuordnung orientiert. Die Reform schafft also nicht per Gesetzesakt eine Wirklichkeit, die von der bisherigen Rechtsform verhindert worden wäre, sondern folgt der Bemühung, die universale Geltung des juridischen Begriffs der Person mitsamt den Rechten und Pflichten, die er garantiert, als für alle Bürger gültig durchzusetzen. Es handelt sich um eine bürgerliche Rechtsreform in der Tradition der Reform des Sexualstrafrechts in den 1960er Jahren,[8] der es nicht um Renovierung oder Verwässerung, sondern um Durchsetzung geltenden Rechts in einer veränderten Wirklichkeit geht: als Konzession an die Tatsache, dass es für Intersexuelle weniger demütigend ist, in amtlichen Dokumenten mit einer eigenen Geschlechtsbezeichnung als mit einer Lücke geführt zu werden, sowie als Verminderung des Drucks, durch einen medizinischen Eingriff die Eindeutigkeit der Geschlechtszugehörigkeit herstellen zu müssen. Auch die von Kritikern behördlicher Erfassung der Geschlechteridentität manchmal vorgebrachte Forderung, die Geschlechterangabe im Pass vollständig zu streichen,[9] wäre in diesem Sinne zu befürworten: Der Zweck der Identifizierbarkeit der Person, den der Pass erfüllen soll, wird durch biometrische Fotos zuverlässiger erreicht als durch relativ diffuse Kategorien wie »männlich« und »weiblich«. Dass für Judith Butler dennoch in der »Anrufung« des Neugeborenen als »Mädchen« oder »Junge« der Beginn einer schier endlosen Reihe normierender Identifizierungen liegt,[10] kommt der Intuition dafür entgegen, dass der Geburteneintrag tatsächlich das früheste Dokument für die Verschränkung juridischer, medizinischer und sozialer Geschlechteridentität in der Psychogenese des Subjekts ist. Dass Butler und ihre Adepten aus dieser Tatsache aber einen Zwangszusammenhang konstruieren, in dem juridische, medizinische und psychosexuelle Normierung der Subjekte nahtlos ineinandergreifen, und dass diese Vorstellung eines totalitären juridisch-medizinisch-psychosexuellen Komplexes die Debatte um das »dritte Geschlecht« vollständig beherrscht, ist erklärungsbedürftig.

Person statt Subjekt

Einen Anhaltspunkt für eine solche Erklärung kann die merkwürdige Nähe bieten, die selbsternannte genderpolitische *pressure groups* für das »dritte Geschlecht« mit der Terminologie des Rechts und der Medizin verbindet, die sie aber zugleich als Agenturen der Normierung denunzieren. So ist unter Queer- und Gender-Linken längst nicht mehr nur bezogen auf intersexuelle Menschen die juridische Kategorie »Person« zur Generalformel bei der Rede über Geschlechtlichkeit avanciert. Statt Frauen und Männer unterschiedlicher sexueller Neigung kennt dieses Denken im besten Fall »männliche«, »weibliche« »intersexuelle«, »Cis«- oder »Trans-Personen« oder gleich nur »weiblich«, »männlich«, »trans« oder »inter« *gelesene* »Personen«. Der inflationäre Gebrauch der Rede von der »Person«, die zunächst nichts anderes als die Rechtsfähigkeit des Bezeichneten meint, weshalb das BGB neben dem Menschen als Rechtssubjekt, »natürliche Person« genannt, auch »juristische Personen« wie Vereine und Körperschaften kennt, mutet widersprüchlich an bei Leuten, denen die bürgerliche Rechtsform per se als Modus gesellschaftlicher Normierung, Formierung und Dressur gilt. Dass es Genderaktivisten darum gehe, dem Recht auch für Menschen Geltung zu verschaffen, die aus der ominösen heterosexuellen Matrix herausfallen, ist gegen solchen Einwand kein Argument. Denn selbstverständlich sind auch Inter- und Transsexuelle gemäß bürgerlichem Recht natürliche Personen und daher Rechtssubjekte. Nur deshalb können Forderungen wie die, der Praxis ein Ende zu setzen, intersexuelle Kinder vorbehaltlich der elterlichen Zustimmung ohne ihre Einwilligung zu operieren, überhaupt vorgebracht werden. Dass »männlich« und »weiblich« als Geburts- oder Passeintrag, also als formaljuristische Kategorien, das Selbstgefühl der Bezeichneten nicht angemessen widerspiegeln, ist erst recht kein Grund dafür, nur noch von »Personen« zu reden. Denn zum einen hat der Eintrag »weiblich« in Geburtsregister oder Pass die so Benannten noch nie dazu verpflichtet, sich weiblich zu *fühlen*. Zum anderen dürften Klassifikationen wie »sich weiblich lesende Trans-Person« das Selbstbewusstsein aller noch nicht komplett politisch Verdummten sicherer niederdrücken als Sätze wie »Du bist eine nette Frau«. Was sich in der Fetischisierung des Begriffs der Person in Wahrheit Ausdruck verschafft, ist das Bedürfnis, den Begriff des Subjekts, dem der Personenbegriff des bürgerlichen Rechts ja gerade Raum gibt, zu perhorreszieren. Das bürgerliche Recht setzt alle Menschen, indem es sie als natürliche Personen fasst, als Rechtssubjekte. Doch der Subjektstatus, den es dadurch ermöglicht, fällt mit der Kategorie der Person nicht in eins, sondern markiert zugleich die Grenzen des Rechts[11] – diejenigen Aspekte der Person, die sich nicht vollständig verrechtlichen lassen.

In der Terminologie des Genderaktivismus dagegen fallen mit der Inflationierung des Personenbegriffs Subjekt und Rechtsperson zusammen, indem das widerständige Moment des Subjekts ebenso wie der fortschrittliche Aspekt des Begriffs der Person im bürgerlichen Recht getilgt wird. Dem Recht wird dabei gleichermaßen zu viel und zu wenig zugetraut. Zu viel, weil das juridische Geschlecht im Guten wie im Bösen als die unter dieses Recht subsumierten Subjekte sozial, medizinisch und psychosexuell determinierend aufgefasst wird, so dass eben auch etwas so Wechselhaftes wie das Selbstgefühl, die Liebeswahl und die Geschlechterrollen, an denen die Menschen von andern gemessen werden oder die sie selbstbewusst adaptieren, aus der juridischen Klassifikation einfach abgeleitet werden. Darin folgt der Genderaktivismus der schlichten wie schlechten Analogie, die Butler von Louis Althusser übernimmt, indem sie die »Anrufung« des Neugeborenen als »Junge« oder »Mädchen« durch die Hebamme dem »Hallo, Sie da!« des Polizisten gleichsetzt.[12] Die bürgerliche Gewaltenteilung wird in solcher »Kritik« von vornherein kassiert, damit als Resultat dieses Zaubertricks ihre Nichtexistenz vorgegaukelt werden kann: Die Hebamme *ist* der Polizist, der wiederum Rechtsprecher und Gesetzgeber ist. Ärzte, Eltern, Beamte und Richter, die bei Fragen wie der der juridischen Kodifikation von Intersexualität öffentlich miteinander streiten, werden so zu Agenten ein und desselben Zwangssystems erklärt, dem der Körper des intersexuellen Kindes immer nur zum Opfer fallen könne. Dadurch aber mutet die genderaktivistische »Kritik« dem bürgerlichen Recht zugleich zu wenig zu, denn sie stört sich gerade an dem, was den fortschrittlichen Impuls des Rechts ausmacht: daran, dass die juridischen Geschlechterkategorien schlechterdings weder über das soziale Geschlecht, also über gesellschaftlich vermittelte Rollenverständnisse und Selbstverhältnisse, noch über die psychosexuelle Selbstidentifikation der Subjekte als »männlich«, »weiblich«, »trans«,

»inter« usw., etwas aussagen. Statt zu begrüßen, dass in der bürgerlichen Gesellschaft das juridische Geschlecht, das immerhin die Subjekte in ihrer Konstitutionsform als *Staatsbürger* betrifft, indifferent gegenüber psychosexuellen Selbstzuordnungen ist, die als Privatsache dem Zugriff des Souveräns entzogen bleiben, fordern genderpolitische Intersexualitätsaktivisten, dass eben jene Selbstzuordnungen anstelle des anatomischen Befundes maßgeblich für die Festlegung des juridischen Geschlechts werden sollen. Als Argument dienen ihnen nicht nur Selbstaussagen intersexueller Personen wie Vanja, die im Gespräch mit der *Jungle World* die Abschaffung jeden Geschlechtseintrags mit der Begründung fordert, »die Definitionsmacht der Medizin und der Psychologie« müsse »aufgehoben werden, so dass die Menschen ihre Identität *wählen* können«,[13] oder Norrie May-Wellby, auf dessen Anstoß hin in Australien seit 2014 ein Personenstandsrecht gilt, das stärker als die Rechtsreform in Deutschland an der Selbstzuordnung der Subjekte ausgerichtet ist.[14] Sie können sich auch auf das BVerfG stützen, das 2008 in einem Verfahren zum personenstandsrechtlichen Status Transsexueller formuliert hat: »Die Zugehörigkeit zu einem Geschlecht richtet sich zwar rechtlich zunächst nach den äußeren Geschlechtsmerkmalen im Zeitpunkt der Geburt. Allein danach kann sie jedoch nicht bestimmt werden. Sie hängt wesentlich auch von der psychischen Konstitution eines Menschen und seiner nachhaltig selbst empfundenen Geschlechtlichkeit ab.«[15] Damit wurde der Tatsache Rechnung getragen, dass sich das anatomische Geschlecht durch operative Eingriffe wie im Falle der Transsexualität ändern kann, wodurch etwa im Ehe- und Familienrecht den jeweiligen Personen keine diskriminierenden Nachteile entstehen dürfen. Andererseits lässt die Formulierung den Weg in die Richtung, die die Genderaktivisten gehen wollen, offen, indem es Aspekte psychosexuellen Selbstgefühls in die juridische Kategorie des Geschlechts einfließen lässt. Damit macht das BVerfG Konzessionen an den antibürgerlichen Impuls im genderpolitischen Verständnis von Intersexualität, indem es der Emotionalisierung des Rechts beziehungsweise einer verstärkten Verrechtlichung von Gefühlen zuarbeitet.

Anhimmelung oder Interessenvertretung

Mindestens so problematisch wie die Tendenz zur Subjektivierung des Rechts ist die Rolle, die Anatomie und Medizin im genderaktivistischen Verständnis von Inter- und Transsexualität spielen. Die »Kritik« am anatomischen Begriff von Geschlechtlichkeit und der damit verbundenen medizinischen Denkform kommt zwar stets als hehre Verteidigung der Subjekte gegen staatliche Institutionen daher, wird jedoch selbst mit einem biologisch-medizinischen Verständnis geschlechtlicher Diversität begründet, das nahelegt, dass es seinen Propagandisten nicht um sexuelle Freiheit, sondern um die Liquidierung des Triebbegriffs und des Begriffs sexueller Identifikation geht, die vom juridischen Begriff des Geschlechts im bürgerlichen Recht gerade vakant gelassen und als Privatsache vollständiger Verrechtlichung entzogen werden. Die Diffamierung der Medizin ist in genderpolitischen Diskussionen über Intersexualität epidemisch, obwohl medizinische Eingriffe zum Zweck »selbstbestimmten« Geschlechtswechsels in den Debatten über Transsexualität zugleich als unkritisierbar gelten. In der Kritik an operativen Eingriffen zur Geschlechtsvereindeutigung bei intersexuellen Kindern, die angesichts der Unbekümmertheit, mit der solche Operationen ohne Erwägungen über die Folgen für die psychosexuelle Entwicklung der Betroffenen vorgenommen werden,[16] sicher berechtigt ist, fehlt bei Genderaktivisten nie der Vergleich mit der Praxis der Genitalverstümmelung, der den Vorteil hat, dass in ihm fortschrittliche Pose und Verharmlosung der Geschlechterapartheid insbesondere in islamischen Ländern zusammenfallen. Exemplarisch schrieben Samira Fansa und Michael Reiter 2001, als die gegenwärtige Rechtsreform noch nicht absehbar war, in einem Dossier der Wochenzeitung *Jungle World* zur »Praxis der Genitalverstümmelung in Deutschland«, nachdem sie zunächst die medizinische Hilfestellung für Transsexuelle gelobt hatten: »Wird ein Körper als Hermaphrodit identifiziert, tritt der biomedizinische Komplex auf den Plan, um die bipolare Geschlechterordnung durchzusetzen. Zunehmend zerfließen dabei die Grenzen zwischen der pränatalen und der nachgeburtlichen Zerstörung von Zwittern. So werden schon seit den siebziger Jahren geschlechtlich uneindeutige Föten abgetrieben, deren Chromosomensatz man weder als xx (für weiblich) noch als xy (für männlich), sondern als x (so genanntes Turnersyndrom) oder xxy (so genanntes Klinefeltersyndrom) entschlüsselt hat. [...] Eine Klitoris darf nicht länger als ein Zentimeter sein, während der Penis des Neugeborenen die Länge von 2,5 Zentimeter nicht zu unterschreiten hat. Wird eine Abweichung der Genitalien von diesen Normen bei einem Neugeborenen konstatiert, begutachtet zunächst ein entsprechend spezialisiertes Ärzteteam das Kind. Der Zwitter wird als ›Intersex‹ klassifiziert, den Eltern gegenüber fallen die Begriffe ›Zwitter‹, ›Hermaphrodit‹ oder ›Intersex‹ jedoch nicht. Stattdessen spricht man von Fehl- oder Missbildungen, um das Kind zu pathologisieren und den Eltern in Beratungsgesprächen nahezulegen, die ›Krankheit‹ ihres Nachwuchses möglichst rasch beheben zu lassen.«[17]

Von der Seltsamkeit abgesehen, dass hier Leute, die beim Kampf für die Legalisierung von Schwangerschaftsabbrüchen ohne Zögern vom Fötus als »Zellhaufen« sprechen, im Zusammenhang mit der »pränatalen Zerstörung von Zwittern« plötzlich wie der Papst persönlich die Tötung ungeborenen Lebens anprangern, fällt an diesem Zitat eine charakteristische Besessenheit von eben jenem medizinisch-biologischen Vokabular auf, das im gleichen Atemzug denunziert werden soll. An intersexuellen Menschen interessiert hier nicht die Frage, ob ihre psychosexuelle Entwicklung nicht durch das Nichtvorhandensein eindeutiger Geschlechtszugehörigkeit möglicherweise mindestens so negativ beeinträchtigt wird wie durch geschlechtsangleichende Eingriffe – eine Frage, die nicht bejaht werden muss, aber doch zumindest gestellt werden sollte. Vielmehr wird die »bipolare Geschlechterordnung« als biomedizinisches Regime zwecks heteronormativer Chromosomenselektion aufgefasst, als wären Chromosomen nicht Modelle zum besseren Begreifen biologischer Prozesse, sondern unmittelbar und empirisch real, als Teile eines vitalen Geschlechtergewimmels, das von bösen Richtern und Ärzten normiert und unterworfen wird. Beim Vorhandensein einer zu großen Klitoris oder eines unterentwickelten männlichen Geschlechtsorgans wiederum interessiert nicht die Frage, wie die entsprechende Person trotzdem später ein erfülltes Sexualleben führen kann, sondern das identitätspolitische Bedürfnis, auch solche Geschlechtsorgane »anerkannt« und »repräsentiert« statt »pathologisiert« zu wissen. Statt etwa darüber Auskunft zu geben, wie die psychosexuell notwendige und lebenswichtige kindliche masturbatorische Befriedigung bei intersexuellen Menschen möglich ist, mokiert man sich über das *Wort* »Fehlbildung«, das der schützenswerten Spezies, als die intersexuelle Menschen offenbar angesehen werden, Unrecht tue. Auch Curtis Hinkel, Begründer des Netzwerks Organisation Intersex International (OII), spricht über Intersexuelle wie ein Naturkundler über Grottenolme, wenn er verkündet: »Intersexualität ist nicht gleichbedeutend mit einer gesundheitlichen Beeinträchtigung. Sie ist keine Krankheit oder Störung, sondern eine *biologische Variation*«.[18] In der genderpolitischen Verteidigung von Intersexualität, die eher Anhimmelung als Interessenvertretung ist, kehrt als Objekt der Verherrlichung exakt jene krude Geschlechtsnatur wieder, deren Zurichtung nach Maßgabe subjektiver Willkür bei der Apologie von Transsexualität einschränkungslos befürwortet wird.

Anatomische Identität und sexuelle Identifikation

Um zu erkennen, dass darin in Wirklichkeit gar kein Widerspruch liegt, muss zunächst verstanden werden, dass sich sowohl die Anhimmelung des Hermaphroditismus als Ausdruck geschlechtlicher »Vielfalt« wie die Fetischisierung von Transsexualität als Sieg geschlechtlichen Selbstgefühls über die Anatomie auf die Liquidierung der Erfahrung des Menschen als Geschlechtswesen zielen. Jede sexuelle Identifikation ist das Ergebnis gesellschaftlich und psychodynamisch entstandener, vom Subjekt nicht restlos beherrschbarer Triebimpulse und -ziele, und damit das genaue Gegenteil einer »Identität«. Anatomische Merkmale lassen sich klassifizieren, weshalb der juridische Begriff, der auf die Bestimmung anatomischer Geschlechtsmerkmale zielt, unproblematisch von der geschlechtlichen Identität einer Person sprechen kann. Psychosexuelle Entwicklung hingegen überschreitet, wie der Begriff des Triebs selbst, immer schon jede Identität. Sie ist nicht am Anfang der Ontogenese mit der anatomischen Geschlechteridentität gesetzt, sondern bildet sich heraus in der Auseinandersetzung des Subjekts mit sich selbst und den anderen, mit den Menschen als widersprüchlich aufeinander und auf sich selbst bezogene Geschlechts- und Gesellschaftswesen. Die anatomische Geschlechtsidentität gehört, auch wenn sie sich durch operative Eingriffe ändern kann, in die Sphäre der Tatsachen und kann durch klassifikatorische Begriffe beschrieben werden; die psychosexuelle Identifikation, in der sich Menschen als Geschlechtswesen erfahren und aufeinander beziehen, gehört in die Sphäre der Reflexion, des Selbstverhältnisses, und ist daher das Gegenteil einer »Identität«.

Der Begriff des Triebschicksals, den Freud 1915 in der Schrift *Triebe und Triebschicksale* entwickelt hat,[19] meint denn auch kein vorweg festgelegtes Fatum, das die Subjekte nur vollziehen, sondern bezeichnet das Ergebnis der Bearbeitung des Widerspruchs zwischen Lust- und Realitätsprinzip, Trieb und dessen inner- und außerpsychischen Vermittlungsinstanzen.

Wenn ein Trieb sein Ziel nicht unmittelbar erreichen kann – und dass er es in der Regel nicht kann, zeugt nicht von universaler Triebfeindlichkeit, sondern von den Fortschritten der menschlichen Zivilisation –, sucht er es auf Umwegen zu erfüllen, die für das Subjekt keine rein negative Funktion haben, sondern vielmehr den Prozess der Ichbildung wesentlich ausmachen. Freud nannte als vier Formen des Triebschicksals: Verkehrung ins Gegenteil; Wendung gegen die eigene Person; Verdrängung; Sublimierung. Die Verkehrung des Triebs ins Gegenteil kann sich darstellen als Wendung »von der Aktivität zur Passivität« oder als »inhaltliche Verkehrung«; für den ersten Fall nennt Freud das Beispiel der Umwandlung sadistischer, auf Zerstörung oder Bemächtigung des Objekts drängender Triebziele in masochistische, indem sich das Subjekt vom begehrten Objekt besessen oder gequält fühlt; für den zweiten die Umwandlung einer liebenden in eine hassende Beziehung zum Objekt. Das Beispiel der Umwandlung sadistischer in masochistische Triebe ist zugleich eines für die zweite Form, für die »Wendung gegen die eigene Person«, in dem die zerstörerischen oder begehrenden Regungen vom Objekt abgezogen und das Subjekt selbst zu ihrem Objekt wird. Die Verdrängung und Sublimierung, in denen der Trieb entweder vom Ich ins Unbewusste abgestoßen oder die Triebenergie auf andere Tätigkeiten (Arbeit, Kunst, Philosophie) abgelenkt wird, deren libidinöse Besetzung der Verdrängung anheimfällt, spielen in Freuds Kulturtheorie eine wichtigere Rolle als die erstgenannten und wurden von ihm in eigenen Schriften dargestellt. Anders als der Begriff des

Schicksals nahelegt, können die verschiedenen Varianten der Umarbeitung des Triebs, auch wenn sie einen vorläufigen Endpunkt erreichen, immer wieder Gegenstand neuerlicher Umarbeitungen werden, die freilich die vorangegangene Arbeit voraussetzen: Was als Verdrängtes wiederkehrt, unterscheidet sich mit der Wiederkehr von dem Triebziel, bevor es verdrängt wurde. Die Psychohistorie,[20] als Entfaltung der Genese psychosexueller Identifikation, erzählt Geschichten solcher Triebschicksale. Gerade Freud, den seine gendertheoretischen Feinde gern als patriarchalisch-sexistisch-eurozentrischen Chauvinisten darstellen, der in seiner Verführungstheorie Kindesmissbrauch verharmlost und patriarchale Herrschaft zementiert habe, liefert die Elemente, um die materialistische Geschichte der Menschen als Geschlechtswesen zu erzählen, als Geschichte weder nur des Geistes noch nur der politischen Ökonomie, sondern des Leibes. Die Debatte um Inter- und Transsexualität zeigt, dass sich Gender-Linke um den Leib nicht nur weniger scheren als Freud, sondern auch als der Arzt, der Eltern eines intersexuellen Kindes eine Geschlechtsangleichung empfiehlt. Die Gleichsetzung von Genitalverstümmelungen mit operativen Eingriffen zur Geschlechtsangleichung ist deshalb besonders perfide, weil Genitalverstümmelungen allein dem Ziel der Ausmerzung der leiblichen Bedingungen weiblicher Lust dienen, während geschlechtsangleichende Operationen wenigstens dem Anspruch nach den Zweck haben, die Bedingung sexuellen Lustempfindens überhaupt erst herzustellen.

Eine durch Freuds Begriff des Triebschicksals orientierte Beschäftigung mit Inter- und Transsexualität müsste von der Frage ausgehen, unter welchen Bedingungen inter- und transsexuelle Menschen am ehesten die Möglichkeit der Erfahrung sexuellen Glücks haben. Sexuelles Glück ist der psychoanalytischen Theorie wie therapeutischen Praxis keine Metapher für ein gesellschaftliches Utopia, sondern für eine allen Menschen zugängliche und wohltuende Möglichkeit der Erfahrung, deren Erfüllung sowohl in der Gesellschaft wie in den Subjekten jedoch fast alles entgegensteht. Dass Begriffe wie der der Arbeit oder der Umwandlung in Freuds Denken eine so große Bedeutung haben, ist nicht seiner Verhaftung im bürgerlichen Arbeitsethos, sondern seiner Illusionslosigkeit gegenüber der Tatsache geschuldet, dass Glück, sinnliche Freude der Menschen aneinander und an sich selbst, in der Welt, wie sie ist, deren *Veränderung* so notwendig voraussetzt wie die *Selbstveränderung* der Menschen durch Einsicht und Reflexion. Ausgehend von Freud und über ihn hinausweisend – geschehen ist das in Deutschland vor allem am inzwischen unbemerkt verblichenen Frankfurter Institut für Sexualwissenschaft unter Volkmar Sigusch[21] –, könnte eine Entlastung intersexueller und transsexueller Menschen vom Druck sozialer Abwertung am ehesten geschehen, indem ihnen und allen anderen Bürgern durch praktische Aufklärung klargemacht wird, dass die Schwierigkeiten ihrer Lebenssituation nicht einfach Probleme einer minoritären Gruppe sind, sondern auf den jeden Menschen betreffenden Widerspruch sexueller Identifikation verweisen. Selbstidentifikation von Menschen als schwul oder lesbisch, bisexuell oder heterosexuell ist wie jeder Weg sexueller Identifikation weder Ausleben einer vorgefundenen Identität noch politisch interessierte Entscheidung. Vielmehr handelt es sich um *immer instabile Versuche*, den Widerspruch zwischen Lust- und Realitätsprinzip in einer der Stärkung des Ich förderlichen Weise auszutragen.

Lass dich nicht vertreten!

Aus dieser Einsicht müsste das Eingeständnis folgen, dass das sexuelle Leid und der das Subjekt zerreißende Widerspruch, die

Transsexuelle durch einen operativen Wechsel des anatomischen Geschlechts zu bearbeiten suchen, auch nach dem Wechsel nicht verschwinden, sondern im glücklichen Fall umgewandelt, als neue Widersprüche und neues Leid, wiederkehren – ebenso wie niemand ernsthaft behaupten kann, dass ein intersexuelles Kind, nur weil sein anatomisches Geschlecht juridisch besser repräsentiert und gesellschaftlich stärker anerkannt ist, ein glücklicherer Mensch wäre. In beiden Fällen wäre qualitativ, anhand der Erfahrungsfähigkeit und Glücksfähigkeit der Subjekte, zu beurteilen, ob der operative Eingriff im Fall der Transsexualität oder der Verzicht auf ihn im Fall der Intersexualität der Stärkung des Ich zugutekommt oder nicht. Für diese Frage interessieren sich genderpolitische Aktivisten aber nicht, weil es ihnen nicht um Stärkung der psychodynamischen Fähigkeit zur Identifikation, sondern um juridische Absegnung als zwar divers, aber unentrinnbar angesehener Identitäten geht. Unter diesem Aspekt stellen sich die Fetischisierungen von Inter- und Transsexualität als komplementäre Formen identitärer Zurichtung dar: Der Intersexuelle soll lernen, sich als Intersexueller zu fühlen und zu bejahen, und jeglichen aufkommenden Wunsch, einfach nur Frau oder Mann zu sein, als Derivat heteronormativer Manipulation zu verwerfen; er soll sich ganz und gar *fühlen, wie er ist*. Der Transsexuelle soll lernen, seinen Leib nach Maßgabe seines Selbstgefühls zuzurichten, und alles daran, was nicht jenem Gefühl kompatibel ist, zu verdrängen; er soll ganz und gar *sein, wie er sich fühlt*. In beiden Fällen ist nicht die Ermöglichung glücklicher Identifikation, sondern absolute Identität das Ziel. Die aber, dafür braucht niemand Hegel gelesen zu haben, ist ein Deckbegriff für den Tod.

Als Toto, die mit ihrer beunruhigend rührenden Stimme unter anderen Bedingungen vielleicht eine bekannte Sängerin hätte werden können, am Ende des Romans stirbt, stellt sie sich in Variation des alten Kindertraums vor, dass alle Menschen, die ihr wichtig waren, sich um sie versammeln und traurig sind – nur dass die Phantasie umschlägt in den Appell, das »Und los – und weiter«, nach dem das Leben verläuft, zu durchbrechen: »Sie sah sich, umgeben von Akazien und Holunder, auf einer schattigen Landstraße, die es irgendwann einmal gegeben hatte. Ein Sommertag ist es, die Apfelbäume blühen, und über der Wiese hört man die Bienen. Schafgarbe, Butterblumen, Rittersporn und Klee. Der Teer ist warm. Alle sind gekommen, alle, deren Leben Toto gestreift hat, alle stehen da und weinen, dass es albern ist. Hört auf zu weinen, sagt Toto, ich ruhe mich nur schnell ein bisschen aus. Und dann liegen wir zusammen auf der Wiese und überlegen uns, wie wir noch mal anfangen, und es besser machen, nur hört auf zu weinen. Um 13 Uhr 50 hörte Toto auf zu atmen.«[22] Dass zu all jenen, die in Totos Phantasie ihre letzte Stunde miterleben, keine queeraktivistische Ärztin gehört, die Toto hätte beibringen können, dass sie eine »biologische Variation« ist – solche Leute hat es 2012, als das Buch veröffentlicht wurde, ja schon gegeben –, darf als Hinweis darauf verstanden werden, dass es zwischen Toto und jenem Milieu noch weniger Berührungspunkte gibt als zwischen ihr und einem verkommenen Subjekt wie Kasimir, der Toto bis zum Ende quält, weil er einzig in ihr wiedererkennt, was er begehrt und sich gerade deshalb verbieten muss – auch ein Beispiel für den Triebschicksal-Typus »Verkehrung ins Gegenteil« und Beleg dafür, dass sich Berg im Unterschied zu *pressure groups*, denen es um hegemoniale Vetretungsansprüche geht, für das interessiert, was am Subjekt *nicht vertreten werden kann*. Indem Toto, die nie für etwas anderes als sich selbst einstehen konnte, am Ende, als es nicht mehr möglich ist, trotzdem träumt, alle anderen aufzufordern, mit ihr noch einmal anzufangen, um es besser zu machen, verweigert sie sich noch im Moment, als der Tod wirklich kommt, jener Identität, die andere sich bereits im Leben wünschen.

Anmerkungen

1 Sibylle Berg, Vielen Dank für das Leben, München 2014, 244.

2 Ebd., 235.

3 Vgl. Michel Foucault, Über Hermaphroditismus. Der Fall Barbin, Frankfurt a. M. 1998. Herculine Barbin, 1838 in Frankreich geboren, wurde auf der Geburtenliste als Mädchen geführt und mehr als 20 Jahre später per Gerichtsbeschluss zum Mann erklärt. Vor der Veröffentlichung von Barbins Memoiren durch Foucault, dessen Studie 1980 erschien, ist Barbins Lebensgeschichte vielfach literarisch bearbeitet worden, u.a. 1893 von Oskar Panizza in der Erzählung *Ein skandalöser Fall* und 1928 von Virginia Woolf in *Orlando*.

4 Die Gesetzesreform wurde ausdrücklich mit der Diskriminierung Intersexueller unter den Bedingungen geltenden Personenstandsrechts, nicht mit deren Selbstgefühl begründet. Vgl.: www.bundesverfassungsgericht.de/SharedDocs/Entscheidungen/DE/2017/10/rs20171010_1bvr201916.html.

5 Queerfeministische Gruppen bekundeten nach der Entscheidung des BVerfG weitgehend einhellig ihre Unzufriedenheit mit der nicht an der Selbstdefinition, sondern am anatomischen Befund orientierten Entscheidung. Vgl.: www.queer.de/detail.php?article_id=31739. Zuvor war der Gesetzesentwurf zur Reform des Geburteneintrags aus diesem Milieu ebenfalls mehrheitlich kritisiert worden. Vgl.: www.taz.de/!5519003/. Die Initiative für die »dritte Option« begrüßte das Gerichtsurteil denn auch lediglich als ersten Schritt auf einem noch langen Weg. Vgl.: dritte-option.de.

6 Vgl.: www.freiewelt.net/blog/bundesverfassungsgericht-erfindet-drittes-geschlecht-10072681. Als ein Beispiel für ähnliche Auslassungen »wissenschaftskritischer« Männerrechtler siehe: sciencefiles.org/2017/11/08/sachlichesneutrum-bundesverfassungsgericht-erfindet-das-dritte-ge-

schlecht. Auch hier wird die falsche Behauptung kolportiert, das BVerfG-Urteil beziehe sich auf Menschen, die sich »weder der Kategorie ›männlich‹ noch der Kategorie ›weiblich‹ zuordnen lassen *wollen*«. Das obsessive Bedürfnis der »Männerbewegung«, die Wirklichkeit auch dort als Abbild genderpolitischen Kontrollwahns anzusehen, wo sie sich noch von ihm unterscheidet, wird hier evident.

7 Hierzu und zur Zustimmungsfähigkeit intersexueller Kinder bei geschlechtsangleichenden Operationen siehe die Stellungnahme von Oliver Tolmein für den Deutschen Ethikrat: www.ethikrat.org/fileadmin/PDF-Dateien/Stellungnahmen_Sachverstaendige_Intersexualitaet/Tolmein_-_Expertenbefragung.pdf.

8 Vgl. den Sammelband: Sexualität und Verbrechen. Beiträge zur Strafrechtsreform, hg. von Fritz Bauer, Hans Giese u.a., Hamburg 1963.

9 Dass diese Forderung eine durchaus universalistische sein könnte, ist leider dadurch, dass fast alle, die sie erheben, die »geschlechtliche Vielfalt« – und nicht etwa Gleichheit – preisen, inzwischen in Vergessenheit geraten. Siehe beispielhaft: www.swissinfo.ch/ger/wirtschaft/das--dritte-geschlecht--in-der-schweiz_-im-pass-sollte-das-geschlecht-einer-person-nicht-angegeben-werden-/43725864.

10 Aus diesen in *Das Unbehagen der Geschlechter* (1990) und *Körper von Gewicht* (1993) entwickelten Ansichten ist mittlerweile eine neue Reformpädagogik entstanden, die Kindern die »Nicht-Binarität« der Geschlechter aggressiver einzuhämmern gedenkt, als es die bürgerliche Pädagogik je mit heterosexuellen Rollenbildern tat. Vgl. z.B.: Judith Butler, Pädagogische Lektüren, hg. von Norbert Ricken u. Nicole Balzer, Wiesbaden 2012.

11 Siehe hierzu Robert Spaemann, Personen. Versuche über den Unterschied zwischen »etwas« und »jemand«, Stuttgart 1996.

12 Vgl. Louis Althusser, Ideologie und ideologische Staatsapparate. Aufsätze zur marxistischen Theorie, Hamburg/Berlin 1977, besonders 142 f. Das Verhältnis von staatlichem Souverän und bürgerlichem Individuum, das

bei Althusser immerhin ausdrücklich zum Thema gemacht wird, tritt bei Butler gegenüber der Propaganda für die freiwillige und spontane *Selbstverstaatlichung* der Subjekte in den Hintergrund.

13 Vgl.: jungle.world/artikel/2017/49/intersexualitaet-muss-sichtbar-werden.

14 Vgl.: www8.austlii.edu.au/cgi-bin/viewdoc/au/cases/cth/HCA/2014/11.html. Bei dem australischen Beschluss ging es um einen als Mann geborenen Transsexuellen, der, weil er sich nach vollzogener Geschlechtsumwandlung auch mit seinem neuen Geschlecht nicht identisch fühlte, personenstandsrechtlich als Intersexueller registriert werden wollte. Schon die Ausgangslage war hier also eine andere als im deutschen Fall, dem die Klage einer intersexuellen Person zugrunde lag. Vgl. Magnus Klaue, Das gefühlte Geschlecht, in *Bahamas* 69 (2014), 54 ff.

15 Vgl.: www.bundesverfassungsgericht.de/SharedDocs/Entscheidungen/DE/2008/05/ls2008 0527_1bvl001005.html.

16 Eine Abwägung zwischen den Folgen frühkindlicher geschlechtsanpassender Eingriffe und ihrer Unterlassung findet sich bei Hertha Richter-Appelt, Probleme der intersexuellen Entwicklung, in: Sexuelle Störungen und ihre Behandlung, hg. von Volkmar Sigusch, Stuttgart 2007, 236 ff.

17 Vgl.: jungle.world/artikel/2001/13/zeig-mir-dein-geschlecht.

18 Zitiert nach: jungle.world/artikel/20 11/43/das-x-te-geschlecht. Hervorhebung M.K.

19 Vgl. Sigmund Freud, Triebe und Triebschicksale, in: Ders., Gesammelte Werke X, hg. von Anna Freud u.a., Frankfurt a. M. 2006, 210 ff. Hieraus die folgenden Zitate.

20 Der Begriff zielt hier weniger – wie bei Lloyd deMause, der ihn prägte – auf triebdynamische Grundlagen kollektiver historischer Prozesse denn auf Erhellung der Triebgeschichte des Individuums. Ein Beispiel für einen solchen Versuch ist die erstmals 1963 auf Englisch erschienene Arbeit von Kurt R. Eissler, Goethe. Eine psychoanalytische Studie 1775–1786,

Basel/Frankfurt a.M. 1983/1985.

21 Das 1973 von Sigusch aufgebaute Institut ist nach jahrelanger institutioneller Demontage im Frühjahr 2010 endgültig geschlossen worden. Die Schwächung der Sexualwissenschaft und der Siegeszug der Gender Studies in der Bundesrepublik erweisen sich damit als exakt komplementäre Prozesse. Vgl.: web.psychosozial-verlag.de/cms/tl_files/fm/Download_alt/Kampf-um-Ffm-Institut.pdf.

22 Sibylle Berg, Vielen Dank für das Leben, a.a.O., 395 f.

Doof geboren ist keiner

Neinsagen ist schwierig, denn es ist ein Protest gegen Selbstzerstörung, der den Protestierenden selbst mit Zerstörung bedroht, und Angst der Selbstzerstörung – auch dann, wenn der sich Ängstigende sich durch die eigene Zerstörung von der Angst zu befreien sucht – ist die große Angst dieser Zeit.

Klaus Heinrich

I.

Im Frühjahr 2016 beklagten sich Angehörige des Asta der Alice-Salomon-Hochschule in Berlin über ein Gedicht des in Bolivien geborenen und in der Schweiz ansässigen Lyrikers Eugen Gomringer, das sich bereits seit fünf Jahren, als Gomringer 2011 mit dem Poetik-Preis der Hochschule ausgezeichnet wurde, an der Südfassade der Fachhochschule befand. Das Gedicht besteht aus den Zeilen: »avenidas / avenidas y flores / flores / flores y mujeres / avenidas / avenidas y mujeres / avenidas y flores y mujeres y / un admirador«, zu Deutsch: »Alleen / Alleen und Blumen / Blumen / Blumen und Frauen / Alleen / Alleen und Frauen / Alleen und Blumen und Frauen und / ein Bewunderer«.[1] In einem offenen Brief empfahl der Asta die Entfernung des Gedichts mit der Begründung, es reproduziere »nicht nur eine klassische patriarchale Kunsttradition, in der Frauen* ausschließlich die schönen Musen sind, die männliche Künstler zu kreativen Taten inspirieren«, sondern erinnere »zudem unangenehm an sexuelle Belästigung, der Frauen* alltäglich ausgesetzt sind.« Erläutert wurde die sensibel vorgetragene Zensurforderung mit den Worten: »Zwar beschreibt Gomringer in seinem Gedicht keineswegs Übergriffe oder sexualisierte Kommentare und doch erinnert es unangenehm daran, dass wir uns als Frauen* nicht in die Öffentlichkeit begeben können, ohne für unser körperliches ›Frau*-Sein‹ bewundert zu werden. Eine Bewunderung, die häufig unangenehm ist, die zu Angst vor Übergriffen und das konkrete Erleben solcher führt. [...] Die U-Bahn-Station Hellersdorf und der Alice-Salomon-Platz sind vor allem zu späterer Stunde sehr männlich dominierte Orte, an denen Frauen* sich nicht immer wohl fühlen können. Dieses Gedicht dabei anzuschauen wirkt wie eine Farce und eine Erinnerung daran, dass objektivierende und potentiell übergriffige und sexualisierende Blicke überall sein können.«

Die hochmütigen Beleidigten

Bewiesen haben die Unterzeichner des offenen Briefes damit vor allem ihre eigene Unfähigkeit zu dem Studium, zu dem sie zugelassen worden sind. Dass es für die Beurteilung von literarischen Texten irrelevant ist, ob sich ihre Leser »unangenehm« oder prima fühlen, weil Kunstbetrachtung keine Selbsterfahrungstherapie ist; dass die meisten von Gomringer Penetrierten sein Gedicht wohl zunächst übersetzen mussten, bevor sie sich beleidigt fühlen konnten, die behauptete Unmittelbarkeit der Wirkung also erschlichen und erlogen war – solche Einwände braucht man gegenüber Leuten, die ihre Abende freiwillig damit verbringen, am U-Bahnhof Hellersdorf auf Wände zu starren, gar nicht erst vorzubringen. Wer aber von sich behauptet, sich in Vorarbeit zur politischen Gedichtkritik mit dem Dichter »beschäftigt« zu haben, müsste zumindest einen Nebengedanken darauf verwenden, dass Gomringer als Exponent der Konkreten Poesie mit Wörtern statt mit Vorstellungen, statt mit signifikativer Sprache mit Buchstabenmaterial arbeitet, das in Form visueller Collagen und Montagen zu Bildfiguren angeordnet wird; dass es also den Anspruch solcher Dichtung geradezu idiotisch verfehlt, wenn sie als Beschreibung realer Geschehnisse oder überhaupt im Sinn mimetisch abbildender Sprache aufgefasst wird. Mit ihrer Adaption serieller Techniken wandte sich die Konkrete Poesie nicht zuletzt gegen die bürgerliche Inspirationsästhetik, der sie vom Asta mit offensiver literarischer Inkompetenz zugeschlagen wurde. Doch nicht einmal die Freunde Gomringers warteten auch nur mit rudimentären dichtungshistorischen Kenntnissen auf. Margarete Stokowski schrieb zur Verteidigung des Gedichts ernsthaft: »Ein Mann steht (darin) rum und guckt. Ein Spanner scheint es nicht zu sein, bloß ein ›Bewunderer‹.«[2] Dass das Gedicht überhaupt nichts darstellt, sondern durch sein Prinzip der Ersetzung und der wechselnden Anordnung von Wörtern an deren semantischer Entleerung arbeitet, vermochte auch sie nicht zu verstehen. Gar die Wahrheit auszusprechen, dass auch mimetisch darstellende, also realistische Literatur so viele Spanner beschreiben darf, wie sie will – weil Kunst alles zum Gegenstand machen darf: Vergewaltigung, Sadismus, selbst die abseitigste Obsession –, dazu funktionierte die Vorzensur auch bei Stokowski schon viel zu gut. Hochschulrektor Uwe Bettig erklärte, er halte zwar »das Gedicht für völlig richtig« (als wären Gedichte gelöste Matheaufgaben), könne aber verstehen, »wenn Studierende sich diskriminiert fühlen«, weil »Frauen mit Blumen und Alleen in eine Reihung gesetzt werden«.[3] Als Kompromiss hat die Hochschule angeboten, das Gedicht an der Fassade zu belassen und Kritikern die Möglichkeit zu geben, sich »kreative« Varianten dazu auszudenken, womit dem Bedürfnis nach Durchsetzung der Kindergartenpädagogik an den weiterführenden Bildungsanstalten Genüge getan war.[4]

Die Episode um Gomringers Gedicht ist charakteristisch für das Sprachbeamten- und Sexualblockwartstum, das beansprucht, die gender- und queerfeministisch erweiterte Erbschaft der Frauenbewegung angetreten zu haben. Trotz, oder vielmehr: gerade in der permanenten Neuerfindung diverser diskriminierter Partikularitäten weist es jeden Universalitätsanspruch von sich, den noch die Zweite Frauenbewegung im Beharren darauf, dass Frauen keine soziale Gruppe oder ethnische Minderheit, sondern die Hälfte der Menschheit sind, festgehalten hat. Der Verzicht auf Universalität geht jedoch nicht mit Einschränkung des eigenen Geltungsanspruchs einher, sondern drückt sich in einer Mischung aus prätendierter Sensibilität und erpresserischer Nötigung aus. Die wiederholte Klage, etwas doch eher Kryptisches wie ein Zeugnis der Konkreten Poesie auch nur anzusehen sei »unangenehm« und der Auslöser solchen Befindens daher aus dem öffentlichen Raum zu eliminieren, ist symptomatisch für den Ausfall noch der banalsten Voraussetzung jeglicher Kritik: der Fähigkeit zur Selbstreflexion, dazu also, sich zunächst zu fragen, warum man etwas als unangenehm empfindet, bevor man den Gegenstand der Empfindung als unangenehm qualifiziert oder eben nicht. Stattdessen wird ein zufälliges Gefühl mit einem zufälligen Objekt assoziiert, auf das stellvertretend für diverse böse Blicke eingeschlagen werden darf. Dem dünkelhaften Gestus entspricht die Anknüpfung des Genderfeminismus an reaktionäre Traditionen deutschen Denkens und Dichtens. Die Idee, Studenten »Studierende« zu nennen, die Rektor Bettig anbiedernd von der feministischen Sprachkritik adaptiert hat, stammt vom Erfinder des »geschlossenen Handelsstaates«, Johann Gottlieb Fichte, der damit den aufbauenden Charakter deutscher Geistesarbeit hervorheben wollte und der Begriffe lateinischer Provenienz unter den Generalverdacht eines zersetzenden Universalismus stellte;[5] das Bemühen, die Subjekte vor triggernden Bildern und Metaphern zu schützen, indem man diese aus dem öffentlichen und am besten auch privaten Bereich verbannt, verallgemeinert Formen der Schwarzen Pädagogik, die Kindern, besonders Mädchen, eigenständige Lektüre mit der Warnung zu verbieten suchte, einsames unbetreutes Lesen erzeuge Herzrasen, schädige die Nerven und fördere die Masturbation.[6] Die Annahme schließlich, es könne überhaupt Blicke geben, die ihren Gegenstand *nicht* objektivieren, ist vorgeprägt ausgerechnet in der Dinglyrik Rainer Maria Rilkes, der sich in seiner poetischen Mission bevorzugt zum reinen Medium von Mädchen, Hunden und Hortensien erhob.[7] Derart vorgebildete Pädagogen können später gar nichts anderes werden als Leuchttürme der Berliner Republik.

II.

An der Stellungnahme des Asta ist auffällig, mit welcher Redundanz beklagt wird, Gomringers Gedicht rufe die Gegenwart des Sexus »unangenehm« in »Erinnerung«. Diese Konnotation der »Erinnerung« als »unangenehm« verweist darauf, dass der genderpolitische Hygienefimmel sich gar nicht wesentlich gegen Phänomene der gesellschaftlichen Wirklichkeit richtet, sondern gegen die *Wiederkehr eines Verdrängten im Subjekt*, die panisch abgewehrt und in der Abwehr zugleich beschworen wird. Bei der Antwort auf die Frage, was da verdrängt wird und wiederkehrt, kann die Zweite Frauenbewegung helfen, die von Genderfeministen immer nur in Anspruch genommen wird, sofern ihre Vertreterinnen schon genauso reaktionär waren wie ihre heutigen Enkel.

Verdrängte Mutter, geliebte Schwestern

Im März 1977 erschien im Themenheft »Frauen« des von Hans Magnus Enzensberger begründeten *Kursbuch* ein Text der Psychoanalytikerin Marina Moeller-Gambaroff mit dem Titel »Emanzipation macht Angst«, der erklärtermaßen zwecks feministischer Kritik am »patriarchalischen System« die »Männerfeindlichkeit« der Frauenbewegung einer scharfen Polemik unterzog.[8] Da Männer in der bürgerlichen Gesellschaft, wie Moeller-Gambaroff betont und dadurch den von ihr selbst verwendeten Patriarchats-Begriff bereits einschränkt, »ebenfalls auf spezifische Weise [...] ausgebeutet« würden,[9] müsse der in großen Teilen der Frauenbewegung kultivierte Männerhass statt als unmittelbares Abbild der Wirklichkeit unter dem Aspekt seines »Symptomcharakters« analysiert werden: »Ein Symptom ist [...] eine Kompromissbildung aus Verdrängtem und Abwehr. Durch Abwehrarbeit (etwa Verschiebung oder Verdichtung) unkenntlich gemacht, kehrt das Verdrängte wieder im Symptom, das quasi ein symbolischer Ersatz für den konflikthaften unbewussten Vorgang, d.h. also auch für die Befriedigung unbewusster Wünsche ist.«[10] Beim »Symptom Männerfeindlichkeit« handele es sich »um auf den Mann verschobene Ängste aus der frühen Mutter-Kind-Beziehung«: »Die im Verhältnis zum Mann erlebte Feindseligkeit und Unterdrückung ist offenbar wesentlich leichter zu ertragen als die direkte Konfrontation mit der frühen (symbiotischen, omnipotenten) Mutter. Der unbewusste Kompromiss besteht also darin, dass Feindseligkeit (bereits eine sekundäre Bildung) und Angst erhalten bleiben, aber eine andere Figur (Mann) bekämpft wird, während das wahre

Zielobjekt (Mutter) unerkannt bleibt.«[11] In der bürgerlichen Gesellschaft, die den Mann durch seine Subsumption unters Prinzip von Verwertung und Vergleichung *auch* entmachtet und verohnmächtigt, perpetuiert die Frau als Mutter die unaufgehobene ökonomische Verfügungsmacht des Mannes innerhalb der Familie in ihrem zumeist auf emotional wattierte Herrschaft gegründeten Verhältnis zu den Kindern, besonders den Töchtern. Deshalb sei die »Bearbeitung der Mutterproblematik [...] für jede Frau eine wichtige Bedingung, wenn nicht sogar die conditio sine qua non, um sich zu emanzipieren«.[12] Zumindest »im Psychischen« bestehe, so Moeller-Gambaroff, mithin »ein Matriarchat vor dem Patriarchat« und manifestiere sich in einem Bedürfnis von Müttern, »die Autonomisierungstendenzen ihrer Kinder zu knebeln«.[13] Gerade weil Frauen in der bürgerlichen Gesellschaft weder in der Familie noch in der Öffentlichkeit dem unmittelbaren gewaltförmigen Zugriff von Männern ausgeliefert sind, so dass feindselige Geschlechterbeziehungen in ihr »leichter zu ertragen« sind »als die direkte Konfrontation mit der frühen [...] Mutter«,[14] lebt sich das Bedürfnis nach dem Festhalten einer ungetrübt positiven Mutter-Imago und nach Verdrängung der destruktiven Aspekte der Mutter in der Feindschaft gegenüber dem gesellschaftlich bereits geschwächten Mann aus. In gewissem Sinne geht es laut Moeller-Gambaroff bei der Zweiten Frauenbewegung also gar nicht um Auseinandersetzung mit einer vermeintlich fortdauernden Herrschaft des Patriarchats, sondern um *Vermeidung* der Auseinandersetzung mit der innerpsychischen Herrschaft der Mutter: »Die psychische Entlastung besteht darin, dass die Frau sich nicht mehr von der Mutter verfolgt fühlen muss. Im Gegenteil, sie hat einen bösen Außenfeind, den sie aufs Heftigste bekämpfen kann, womit sogar z.T. auch ihre aggressiven Impulse (gegen die Mutter) befriedigt werden können. Das Ausmaß des Männerhasses ist somit proportional der eigenen Hilflosigkeit und dem daraus entstehenden Hass auf die Mutter und der Angst vor dieser.«[15] Der auftrumpfend-emanzipatorische Habitus gegenüber dem Mann dient so dem weiblichen Bedürfnis nach *Aufrechthaltung der eigenen Unfreiheit.*

Moeller-Gambaroffs Appell, sich der Angst, die Emanzipation notwendig mit sich bringt, zu stellen, läuft nicht auf die Forderung hinaus, gegenüber den Pappkameraden des Patriarchats noch wütender, pampiger und aggressiver aufzutreten – obgleich Wut, wenn sie spezifisch ist, die Fähigkeit zur Kritik befördern kann. Stattdessen fordert sie von der Frauenbewegung, mit der Verdrängung der aggressiven, destruktiven Aspekte weiblicher Sexualität, die Folge der unbewältigten Beziehung zur symbiotisch-omnipotenten Mutter-Imago ist, Schluss zu machen. Dies setze die Anerkennung eigener *auf den Mann* und die in ihm repräsentierte Subjektposition gerichteter libidinöser Strebungen voraus, die über die Mutter-Tochter-Symbiose hinausweisen. Das tun sie deshalb, weil die männliche Subjektposition infolge der Genese der bürgerlichen Gesellschaft, deren Entfaltung für Moeller-Gambaroff in ungebrochen aufklärerischer Tradition notwendige Voraussetzung von verwirklichter Freiheit ist, für die soziale Außenwelt und für die in Auseinandersetzung mit ihr sich vollziehende Individuation steht und gerade von Frauen *angeeignet* statt abgewehrt werden muss. Vernichtend kritisiert sie Protagonistinnen der Zweiten Frauenbewegung wie Verena Stefan und Alice Schwarzer, weil sie in der Feier weiblicher Homosexualität oder gar Frigidität nicht etwa auch im Intimen die Gleichberechtigung einklagten, sondern durch Gleichsetzung von Heterosexualität und sexueller Gewalt nicht-heterosexuelle Beziehungen als bloße Vermeidungsstrategie propagierten, um die angstbesetzten, *gegen die Mutter auf den Mann* gerichteten Anteile der weiblichen Libido nicht anerkennen zu müssen. Moeller-Gambaroff zitiert Alice

Schwarzer: »Wenn Frauen Sexualität ihren natürlichen Bedürfnissen entsprechend leben könnten: die Penetration der Heterosexualität wäre dann keine Liebespraktik mehr, sondern der Zeugung vorbehalten«, und antwortet: »Das Bild der Heterosexualität, das Alice Schwarzer zeichnet und das sie auch überzeugend durch ihre Frauenprotokolle belegen kann, ist von einer trostlosen Öde und Brutalität. Ihre Konsequenz ist jedoch regressiv und letztlich repressiv, da sie den Frauen nicht dazu verhilft, eine autonome Sexualität, die auch ein lustvolles Eindringen des Phallus umfasst, zu entwickeln. Im Gegenteil, ich fühle mich durch Alice Schwarzer in Zeiten [...] versetzt, als die Existenz der Vagina geleugnet wurde.«[16] Eine Frauenbewegung, die nicht sexualpolitisch reaktionär wäre – und nur eine solche verdiente überhaupt so genannt zu werden –, müsste, statt sexualpolitische Vermeidungsstrategien zur Aufrechterhaltung einer positiven Mutter-Imago zu erfinden, »Vorstellungen über eine nicht-repressive Sexualität zwischen Frau und Mann« formulieren, denn »erst die Emanzipation der sexuellen Beziehung zwischen Mann und Frau [...] ermöglicht eine Solidarität der Geschlechter«.[17] Der die Wut gegen den Mann ebenso wie die Harmonie nach innen zelebrierende Schwestern-Kult der Zweiten Frauenbewegung, der in postfeministischen »Zusammenhängen« in der Entschlossenheit fortlebt, Leute aus den eigenen Reihen auch dann nicht zu kritisieren, wenn sie puren Schwachsinn reden, kompensiert, wo die repressive Gruppensolidarität bindend, die Solidarität der Geschlechter aber Anathema ist, die verweigerte Auseinandersetzung mit der Mutter-Imago: Der Mann ist der Außenfeind, die Gemeinschaft der Schwestern reinszeniert die Mutter-Tochter-Symbiose, wobei sich praktischerweise jede als Mutter und Tochter zugleich fühlen und in den eigenen Allmachtwünschen bestätigt sehen kann, und die Mutter bleibt die ausgeschlossene, im Ausschluss umso unangreifbarere Dritte.

Mit ihrem Text, für den sie heute als heteronormative Demagogin aus jedem Gender-Seminar fliegen würde, stand Moeller-Gambaroff keineswegs allein. Die Publizistin Barbara Sichtermann veröffentlichte 1983 bei Wagenbach in dem Band *Weiblichkeit. Zur Politik des Privaten* den zwei Jahre zuvor geschriebenen Essay »Vergewaltigung und Sexualität«, der sich wie eine antizipatorische Kritik am Definitionsmacht- und Safe-Space-Wahn des Genderfeminismus liest. Sichtermann verteidigt darin Peggy Parnass, die als Gerichtsreporterin für *Konkret* arbeitete und als erste Frau von *Emma* mit dem »Pascha-Preis« ausgezeichnet wurde, weil sie in einem Text zum Thema Vergewaltigung geschrieben hatte, dass Frauen oft selbst den Wunsch hegten, von einem Mann »heftig genommen zu werden«.[18] Sichtermanns Entgegnung, die Parnass' Wortwahl kritisiert, ihr in der Sache aber Recht gibt, verdeutlicht, wie weit die sexualpolitische Regression nicht nur des Feminismus, sondern der Öffentlichkeit insgesamt seit damals fortgeschritten ist: »Dass die sexuellen Phantasien von Frauen Vorstellungen von Vergewaltigung einschließen, dass also die Vorstellung einer Vergewaltigung nicht nur Männer ›anmacht‹, wurde lange vermutet, inzwischen scheint es empirisch belegt. [...] Vergewaltigungsphantasien gelten nicht mehr als Beleg für einen elementaren Masochismus des Weibes, sondern [...] als Metaphern für die in der ›normalen‹ Sexualität angelegten Bewegungen [...] des Versteckens und der Entdeckung, des Verschwindens und des Erscheinens, der Empfindungen von Neugier und Angst, von Schmerz und Erlösung, von Täuschung und Überraschung. Alle diese Bewegungen und Empfindungen konstituieren ein Ritual, ein Spiel [...], an dessen Gesetze der Vollzug von Sexualität gebunden ist.«[19] Eben diese Erkenntnis werde vom Mainstream der Frauenbewegung geleugnet, der jede Erinnerung an den Konnex von Sexualität und Schmerz diffamiere. Demgegenüber verteidigt Sichtermann ebenso wie Moeller-Gambaroff die aggressiven, destruktiven, aber gerade darin auch glücklich-passiven Momente weiblicher wie männlicher Lust: »Der Kernpunkt meiner These [...] ist, dass der ›Schmerz‹ in der Lust selbst steckt, dass er nicht als Wunsch, zuzufügen oder zu empfangen, auf die Geschlechter verteilbar ist, sondern sozusagen jedem Individuum droht, das überhaupt Lust sucht oder findet.«[20]

Wie Freiheit niemals wirklich werden wird, solange die Individuen nicht ihre Angst davor, frei, und das heißt immer auch: schutzlos, ungedeckt, allein zu sein, solange sie also nicht das, was *in ihnen selbst* dem Wunsch nach Freiheit widersteht, reflektierend ins Bewusstsein heben, solange bleibt die Möglichkeit des Glücks abstrakt und unerkannt, dass Glück immer auch Preisgegebensein, Verlorensein bedeutet, nur eben ein Verlorensein ohne Furcht, ohne Strafe und ohne Versagung. Der Konnex von Lust und Schmerz ist gleichsam die körpergeschichtliche Spur dieses Zusammenhangs. Vergewaltigung unterscheidet sich von sexueller Lust, in der dieser Zusammenhang gegenwärtig bleibt, dadurch, dass sie die Erinnerung an solche Lust am Leib des Opfers exorziert. Sichtermann schreibt: »Eine Vergewaltigung ist nur sehr vermittelt ein sexueller Akt, sie ist, das hat die Frauenbewegung wiederholt einleuchtend dargestellt, zuvörderst eine Demonstration von Macht, [...] ein Versuch, die Dominanz der Männer mit den Mitteln körperlicher Gewalt (wieder)herzustellen [...]. Der Vollzug des Gewaltakts mit dem Sexualorgan sexualisiert diesen Akt nicht, sondern zeigt nur, dass der Vergewaltiger nicht allein die Frau, sondern auch die Sexualität verachtet und unterwerfen will.«[21] Die interessierte Verwechslung des Gewaltakts mit sexuellem Spiel, die in Wahrheit den Akt der Vergewaltigung verharmlost, bezeichnet Sichtermann als »Hohn auf die Frauen und auf die Sexualität« und findet zu folgender Formulierung: »Es ist sehr gut möglich, dass eine Frau ›nein‹ sagt, wo sie ›ja‹ meint, es ist ebensogut möglich, dass ein Mann das tut. Und beide brauchten doch nicht zu täuschen, sondern (könnten) im ›nein‹ das ›ja‹ meinen, wie überhaupt – wegen des Doppelcharakters der Lust – ein Ja vom Nein manchmal schwer zu scheiden ist, das eine sich im anderen ausspricht und die Lust durch Vertauschung, Täuschung und Verwirrung, die immer auch ›ehrlich‹ sind, gesteigert werden mag.«[22] Wenn Frauen und Männer diversen selbstgewählten Geschlechts heute ihre Berufs- und Freizeit darauf verwenden, gendergerechte Sprachregeln, Verhaltenskodizes für jede Lebenssituation und Schemata der »Selbstreflektion« zu ersinnen, spricht sich darin die panische Angst vor »Vertauschung, Täuschung und Verwirrung« aus, die doch Voraussetzung nicht nur sexueller Lust, sondern von Freundlichkeit, Geselligkeit und geteilter Erkenntnis überhaupt sind.

Emanzipative Entsolidarisierung

Autorinnen wie Sichtermann und Moeller-Gambaroff stehen für einen Zug, in dem sich die Zweite Frauenbewegung am meisten vom Genderfeminismus unterscheidet: für einen spalterischen Gestus, in dem die Einsicht fortlebt, dass Emanzipation, wenn sie denn mehr als eine Propagandaphrase zwecks Mobilisierung von progressivem Menschenmaterial sein soll, nur um den Preis des Bruchs, der Aufkündigung, der Entsolidarisierung gerade mit denen möglich ist, deren Protektion und Patronage am unentbehrlichsten erscheint. »Dass die Weiber Menschen werden«, war Kennformel der ersten Frauenbewegung. Dass die Frauen nicht, weil sie eben alle Frauen sind, zu Schwestern mutieren müssen, dass vielmehr weibliche Emanzipation nichts anderes als die notwendige, wenn auch nicht hinreichende Bedingung für die Emanzipation der Frauen *als Individuen* sei, das war ein Impuls der Zweiten Frauenbewegung, insofern sie kein bloßer Vorläufer der feministischen Regression war, die sie vorbereitet hat. Die ersten Frauengruppen, die Ende der 1960er Jahre entstanden, hatten sich nicht aus Protest gegen irgendwie naturwüchsig abstoßende »Menners« gegründet, wie brutal verdummte Netzfeministinnen à la Paula Irmschler heute jeden titulieren, der ihnen nicht in den Kram passt, sondern als Antwort auf einen spezifischen männlichen Sozialcharakter. Hauptgegner war nicht der Bürger, der Ende der Sechziger, obwohl er immer noch als linksalternatives Schreckgespenst herhielt, realhistorisch nicht mehr viel zu melden hatte, sondern der Kommunarde mit Wollpulli und Zottelbart, der sich seine Wohngemeinschaften – exemplarisch zu studieren an der Kommune I – statt nach dem Modell der Kleinfamilie nach dem Ideal des polygamen Konkubinats gestaltete. In solchem Milieu, das einen herben Rückschritt gegenüber der monogamen bürgerlichen Ehe bedeutete, »rotierten«, wie das genannt wurde, die als Groupies fungierenden Frauen in Zwei- bis Drei-Tages-Abständen zwischen den Zimmern der Männer, durften sich auf der Bettkante über Marx und beim Frühstück über Lenin belehren lassen, mussten Kinder, die Gestalten wie Dieter Kunzelmann, weil sie selbst nie etwas anderes als Riesenbabys waren, als hinderliche Anhängsel empfanden, trotz Gruppenzwangs allein erziehen und durften als Ausgleich bei Demos Blümchen verteilen.[23] Dieser Verrat an jedem Begriff individueller Freiheit zugunsten einer infantilen Pascha-Herrschaft, die der islamischen Vorstellung vom Paradies bereits erschreckend ähnlich ist, war der Erfahrungshintergrund der Frauengruppen. Aus ihrer Absetzung gegen das verlogene sexualrevolutionäre Pathos der Achtundsechziger und aus der kurzschlüssigen Gleichsetzung der »bürgerlich-patriarchalischen Kleinfamilie« mit kommunitaristischer Polygamie, die in Wahrheit hinter jene zurückfiel, erklärt sich ihr Puritanismus, der in der Kinderschutzhysterie der späten Achtziger und frühen Neunziger seinen Höhepunkt fand.

Dialektik der Konkurrenz

Doch erklären heißt nicht entschuldigen. Dass fast alle Frauengruppen sich mit einer Art von Zwangslogik in esoterisch versponnene Selbsthilfegruppen verwandelten, die in der Beschwörung von weiblicher Emotionalität, weiblichem Leid, weiblicher Wut oder gar einer dem männlichen Logos listig widerstehenden weiblichen Unvernunft finsterste misogyne Klischees nur mit positivem Vorzeichen wiederholten, während Kritiker dieses Weiblichkeitskults immer in der Minderheit blieben, das lässt sich aus den Erfahrungen, auf die der Feminismus reagierte, allein nicht verständlich machen. Vielmehr tritt hier ein psychodynamisches Moment hinzu, das sich in Rekurs auf Moeller-Gambaroffs und Sichtermanns Kritik bestimmen lässt. Wenn in ihren Texten – damals unpopulär, heute skandalös – darauf beharrt wird, dass die Identifikation mit der männlichen Subjektposition, ihre libidinöse Besetzung, Voraussetzung weiblicher Emanzipation sei, hat dies einen sozialhistorisch-lebensgeschichtlichen und einen psychoanalytischen Aspekt.[24] Psychoanalytisch ist es die vorödipale Mutter, die die Installation des Gesetzes des Vaters ermöglicht und in dieser Ermöglichung und mit dessen Aufrichtung ins Unbewusste, psychogenetisch Archaische zurücktritt. Sie ist für Jungen und Mädchen das *erste* Liebesobjekt, auf das Jungen wie Mädchen Verzicht leisten müssen, damit überhaupt möglich wird, was Freud »normale Entwicklung« nennt. Freuds Konzeption männlicher wie weiblicher Subjektgenese hält in deren Unterschiedlichkeit die Gemeinsamkeit fest, dass Jungen und Mädchen als Voraussetzung gelingender Individuation sich die als Garant der Außenwelt und des Realitätsprinzips fungierende männliche Subjektposition aneignen müssen, die als innerpsychische Instanz, wie dann vor allem Lacan betont hat, mit empirischen Männern nicht identisch und auch dem Jungen zunächst *äußerlich* ist. Während die Bewältigung des Ödipuskomplexes beim Jungen nach Freud derart stattfindet, dass das vom väterlichen Gesetz verbotene erste Liebesobjekt, die Mutter, aufgegeben und die Rivalität mit dem Vater beendet wird, indem der Junge sich mit dem Vater *identifiziert* und die vom primären Liebesobjekt abgezogenen libidinösen Strebungen auf ein Objekt richtet, das nicht mehr die Mutter, sondern *wie die Mutter* ist, tritt das Mädchen in die ödipale Konstellation ein, nachdem es sich in der präödipalen Phase des Geschlechtsunterschieds bewusst geworden ist und die Mutter als Liebesobjekt aufgegeben hat, weil diese keinen Phallus hat. Nun richtet sich ihr Begehren auf den Vater, um den es mit der Mutter als Repräsentanten des Phallus konkurriert. Aufgelöst wird der Konflikt analog zum Jungen durch Ersetzung der Rivalität mit der Mutter qua *Identifikation* mit ihr und durch Verschiebung der libidinösen Strebungen vom Vater auf ein Objekt, das *wie der Vater* ist. So offensichtlich dieses Modell die Form der bürgerlichen Kleinfamilie zum Vorbild hat, so falsch war immer schon der Vorwurf der Frauenbewegung, Freud perpetuiere das Stereotyp vom abgeleiteten, sekundären Charakter der weiblichen Sexualität und banne die Frau in ein Entwicklungsmodell, das sie der männlichen Subjektposition unterordne. Auffällig ist vielmehr, dass Freud männliche und weibliche Subjektgenese als in ihrer Verschiedenheit gleiche Formen menschlicher Individuation fasst und damit den Gedanken der Einheit des Menschengeschlechts festhält. Deshalb hat er C. G. Jungs Namen »Elektrakomplex« für die weibliche Entwicklung abgelehnt, der diese von der männlichen Subjektgenese abtrennt.

Da Mutter, Vater, Phallus in Freuds Modell Instanzen und nicht empirische Menschen bezeichnen, ist die Frau schon in ihm keineswegs dazu verdammt, sich den Phallus qua Heirat oder Geburt eines Kindes anzueignen, wie der Vulgärfreudianismus suggeriert. Nicht-reaktionäre Feministinnen wie Moeller-Gambaroff wiesen darauf hin, dass in der damals gegenwärtigen Gesellschaft, die die Entwicklungsmöglichkeit der Frauen nicht eingeschränkt, sondern erweitert hat, die Aneignung der männlichen Subjektposition durch (ökonomische, politische, intellektuelle) Konkurrenz mit dem Mann, durch ein aktives Einholen und vielleicht Übertreffen der Entwicklung möglich geworden ist, die Frauen jahrhundertelang versperrt geblieben war. Dieser Appell an Frauen, die *phallische Anmaßung* zu riskieren, statt ihr aus dem Weg zu gehen – statt Penetration zu verteufeln, selbst zu penetrieren, hervorzubringen statt zu wiederholen, zu destruieren statt zu versöhnen –, zielte gleichwohl nicht auf repressive Bannung der Mutter-Imago. Im reflektierten Zulassen regressiver Entgrenzungserfahrungen, nicht nur in der Sexualität, sondern sublimiert in der ästhetischen Erfahrung wie im Glück der Erkenntnis, gerade in solchen Erfahrungen also, in denen das Subjekt sich aktiv, willentlich und lustvoll zum *Gegenstand* eines anderen macht, wird die ins Archaische zurückgetretene Mutter vielmehr anerkannt und die von ihr vertretene Erfahrung des Präindividuierten mit dem Realitätsprinzip vermittelt.[25] Sozialgeschichtlich antworteten Moeller-Gambaroff und andere mit diesem Appell auf eine Konstellation, in der die ökonomische, politische und juristische Gleichstellung der Frauen in den westlichen Staaten formell weitgehend durchgesetzt, weibliche Erwerbstätigkeit in der Familie und weibliche sexuelle Autonomie aber die Ausnahme statt die Regel waren. Der Widerspruch zwischen den Möglichkeiten, die sich Frauen erstmals allgemein und massenhaft eröffneten, und der fortbestehenden Einschränkung des eigenen Lebens, Denkens und Handelns war *die* verbindende Generationenerfahrung der Zweiten Frauenbewegung.

Patronage im Namen der Emanzipation

Während Moeller-Gambaroff, Sichtermann und andere auf diese Konstellation mit dem Appell an die Frauen antworteten, dass die Emanzipation von der ins Unbewusste gebannten und daher besonders wirkmächtigen Mutter-Imago Voraussetzung der Emanzipation von gesellschaftlicher Unfreiheit, also auch von fortwirkender sexueller Unfreiheit sei, reagierte der Mainstream der Frauenbewegung auf diese Situation mit einer unter dem Schlagwort von der »weiblichen Subjektivität« zusammengefassten, in Frauengruppen, »Frauenliteratur«, »weiblicher Ästhetik« usw. institutionalisierten Vermeidungsoffensive.[26] Performances als »weibliche« Körperkunst, das Internet als »weiblicher« Politikmacherei angeblich besonders affines Medium, kritisches Stricken gegen Trump und kreative Schonraumdekoration für sprechortbewusste rohe Eier sind heutige Erscheinungsformen solcher freiwilligen Regression, deren Propagandistinnen sich in der Zweiten Frauenbewegung vor allem im Umkreis von *Emma* versammelten. Dort wurde, mit Schwarzer als burschikoser, immer zuverlässiger Übermutter und den Schwarzer-Frauen als rein weiblicher Kinderschar, unter der den bürgerlichen Freiheitsbegriff schroff dementierenden Parole »Alle Menschen werden Schwestern« das gegen Reflexion abgedichtete Festhalten an der archaischen Mutter-Imago und der Hass nicht allein auf Männer, sondern auf die in ihnen verkörperte Subjektposition in genau dem Moment eingeübt, als für Frauen alles möglich schien. Soziologisch lässt diese Haltung sich beschreiben als Selbstausschluss weiblicher Subjekte aus dem sich ihnen eröffnenden Prinzip der Vergleichung und Konkurrenz qua

Formierung eines empfindsam-aggressiven Abschottungskartells – das *Emma*-Kartell gleichsam, das mit Massenerfolg versprach, was konstitutiv unmöglich ist: Emanzipation *ohne* Angst, indem es die Lizenz ausgab, die innerpsychisch zensierten aggressiven Anteile weiblichen Begehrens vom Konflikt mit der Mutter abzuziehen und im Stellvertreterkampf gegen den Mann auszuagieren.[27] Der Preis war, was heute nicht nur von Frauen, sondern von diversen, sich mickerig, gekränkt und damit zugleich allmächtig gerierenden Gruppen ernsthaft im Namen der Emanzipation gefordert wird: Patronage, allumfassende gegenseitige Beaufsichtigung, omnipräsentes Wohlgefühl, Vermeidung jeder Begegnung mit der Wirklichkeit – »Schutz« mithin, als könnte eine Welt, in der jede vor jedem und am sichersten vor sich selbst geschützt ist, etwas anderes als die Hölle auf Erden sein.

III.

Diejenigen Frauen, die die von den *Emma*-Gegnern formulierte Herausforderung annahmen, wurden schon in den Siebzigern als Verräterinnen aus der Frauenbewegung ausgeschlossen, weil sie richtig verstanden hatten, dass die phallische Anmaßung, die eine weibliche Anmaßung war, sich zuallererst nicht gegen die »Männergesellschaft«, sondern gut unsolidarisch gegen die autoritär verstockten, freiwillig verdummten Frauen in den eigenen Reihen richten musste. Ihr Forum fand diese Erkenntnis in der 1976 begründeten Zeitschrift *Die Schwarze Botin*, für die nicht nur Schriftstellerinnen wie Elfriede Jelinek, Ginka Steinwachs, Friederike Mayröcker, Eva Mayer und Christa Reinig schrieben, sondern Vertreterinnen einer feminismuskritischen Frauenforschung wie Silvia Bovenschen, Elisabeth Lenk, Rita Bischof und

Gisela von Wysocki.[28] Zum Konsens der *Schwarzen Botin* gehörte die Überzeugung, dass es keine »weibliche Literatur«, sondern nur Literatur von weiblichen Autoren gibt, dass das ästhetische Urteil sich nicht am Geschlecht der Verfasser, sondern an dem zuvorderst nun mal von männlichen Autoren vorgegebenen Kanon der Moderne auszurichten habe, dass Zweck einer Frauen-Geschichte nicht die Errettung kryptischer weiblicher Potentiale, sondern die Rekonstruktion konkreter weiblicher Lebensbedingungen zu sein habe – und dass Leute, die von der Lektüre de Sades oder Kants, Hegels oder Millers, Freuds oder Bukowskis abrieten oder sie nur unter dem Vorbehalt des Ressentiments empfahlen, weil es sich dabei um patriarchalische Männer handele, als Propagandisten weiblicher Verblödung zu bekämpfen seien.[29]

In dem in der ersten Nummer der *Schwarzen Botin* erschienenen Text »Schleim oder Nichtschleim, das ist hier die Frage« heißt es in kritischer Vorwegnahme der Wirklichkeitsabwehr des Genderfeminismus: »Leserinnen [...] werden uns bald die Frage nach unserer Beziehung zur Frauenbewegung und unserem Standpunkt stellen. Diesen sei gleich eingangs gesagt, [...] beides beginnt für uns da, wo der klebrige Schleim weiblicher Zusammengehörigkeit sein Ende hat. [...] Nichts ist leichter, als die Dummheit zum goldenen Mittelmaß zu erheben, mit dem alle gleichermaßen zufrieden sein dürfen [...]. Wenn statt der Dinge das Bild von den Dingen untersucht wird, steht es schlimm genug, wenn aber diese Bilder dann eine Gebrauchsfähigkeit bekommen, die es unmöglich macht, die Dinge überhaupt noch wahrzunehmen, dann ist schon der erste Schritt zur erneuten Unmündigkeit freiwillig getan. So macht das Verlangen nach Selbsterfahrung und Selbstbestätigung das Selbst immer unsichtbarer, frau lässt sich getrost Gedanken kommen, ohne sich welche zu machen [...]. Damit ist garantiert, dass die ›Neuen Erfahrungen‹ gar nicht erst gemacht werden können, oder immer wieder nur die alten gemacht werden.

Wir erwarten nicht, dass unsere Botschaften Inhalte neuen Frauenfühlens werden, wir haben im Gegenteil die Absicht, von unserer Neigung zur Konsequenz den rücksichtslosesten Gebrauch zu machen. Dabei gehen wir von der Überzeugung aus, dass für die Existenz der schwarzen Botin, sie selbst unentbehrlicher ist als die, welche sie lesen. [...] Wir haben keinerlei Interesse, irgendwelche Karrieren als Gallionsfiguren anzustreben [...], was wir allerdings anstreben, [...] ist die rücksichtsloseste Bekämpfung jener Frauen, welche die übrigen für dumm verkaufen wollen und sich das von ihnen auch noch bezahlen lassen.«[30] Hier sind die psychodynamischen Motive der feministischen Regression allesamt benannt: die Unfähigkeit zur Objektbesetzung, die Unfähigkeit also, die »Dinge« statt »das Bild von den Dingen« zu untersuchen; die Inflation des Erfahrungsbegriffs als Symptom für den Verlust von Erfahrung; die Beschwörung »weiblicher Zusammengehörigkeit« als Reinszenierung der Mutter-Tochter-Symbiose. Die Antwort der Frauenbewegung war eindeutig, die *Schwarze Botin* bestand gerade einmal zehn Jahre und zerfiel vor ihrem Ende in Splittergruppen.[31] Überlebt hat *Emma*, deren Chefin heute, in Zeiten offener Kollaboration des Postfeminismus mit dem Islam, eine Kritik am Appeasement gegenüber der Friedensreligion formuliert. Dies allerdings weniger, weil sie sich einen Begriff von der Bedeutung des Islam in der Gegenwart und der Genese islamischer Männlichkeit (und Weiblichkeit) gemacht hätte, sondern eher, weil für Schwarzer, die dem Islam näher ist als sie glaubt, im Grunde *alle Männer Moslems sind* und die einzige Rettung für Frauen darin bestehe, sich unter dem Schutzschirm der Übermutter zu versammeln, die als ideelle Gesamtfrauensprecherin dafür sorgt, dass die Jungs sich nicht danebenbenehmen.[32] Am männlichen Sozialcharakter, dessen Inkarnationen zumeist ohnehin so abgewrackt sind, dass sie nur noch für feministische Ersatzhandlungen taugen, wird dadurch so wenig geändert wie am Zustand des weiblichen Sozialcharakters. Überhaupt dürfte ein Grund für das Schweigen, mit dem Genderaktivisten den erbärmlichen Zustand *aller* Beziehungen der Geschlechter heute übergehen und vorgaukeln, ein Update der Kommunikationsregeln vermöchte daran Entscheidendes zu ändern, darin liegen, dass die Aktivisten selber Inkarnationen solcher Deprimation sind und die Verachtung, die sie füreinander empfinden, lieber an Schießbudenfiguren ausagieren, als *einander* zu sagen, was sie von sich halten.

Entdecken und verstehen

Die triftigsten Dokumente der Zweiten Frauenbewegung legen Zeugnis von einer Generationenerfahrung ab, die ihre Autorinnen verband: von der Freude, *zum ersten Mal* so vieles lesen, sprechen, bedenken und kritischem Urteil unterwerfen zu können, das Generationen von Frauen bislang verwehrt blieb. Die Exponenten der Zweiten Frauenbewegung waren in der Mehrheit bürgerliche Frauen mit Aussicht auf Karrieren im akademischen Milieu. Das war der lebensgeschichtliche Ursprung der Tendenz, jeden Gegenstand, ob sinnvoll oder nicht, unter dem Geschlechteraspekt zu untersuchen, ermöglichte aber auch Bücher wie *Die imaginierte Weiblichkeit*, in dem Silvia Bovenschen 1979 den Wandel der geschlechtertheoretischen Begründung der Konzepte bürgerlicher Ehe und Liebe von Kant bis Fichte untersuchte und den Beitrag der *Männer* der Aufklärung zur weiblichen Emanzipation gegen die Tendenzen einer »weiblichen« Empfindsamkeit verteidigte, oder Elisabeth Lenks 1983 in *Die unbewusste Gesellschaft* vorgelegte Naturgeschichte der Phantasie als mimetischem Potential, das über die gesellschaftlichen Geschlechtscharaktere hinausweise, sowie eine sozialgeschichtliche Frauenforschung, deren Vertreterinnen (Ulrike Prokop, Karin Hausen, Hannelore Schlaffer,

Ute Frevert) kaum mehr gelesen werden in einer Zeit, in der die Beschwörung einer ewigen Herrschaftsgeschichte der »Heteronormativität« Geschichte nur als Lamento der Enthistorisierung einsetzt.

Brach sich in der *Schwarzen Botin* und in verwandten Zeugnissen aus dem Umkreis der Zweiten Frauenbewegung der Impuls weiblicher Autoren Bahn, sich das Objekt der Kritik im Sinne Benjamins »so liebevoll« vorzunehmen, »wie ein Kannibale sich einen Säugling zurichtet«,[33] so warnen Sprachbeamte der Gegenwart nicht mehr nur Frauen, sondern jeden, der nicht als Reaktionär exkommuniziert werden will, problematische Texte, und das sind alle Zeugnisse der Zivilisation, mit spitzen Fingern anzufassen, bei jedem Urteil vorsichtig zu sein, jeden womöglich unterlaufenden Wahrheitsanspruch sofort einzuklammern und niemanden vor den Kopf zu stoßen – mit anderen Worten, nur dann die Stimme zu erheben oder studierend den Blick zu senken, wenn man sich zuvor zum Nichts erklärt hat. Vor der »Lesewut«, die Katharina Rutschky in den Achtzigern als Ideologem einer Pädagogik analysiert hat, die Kindern, insbesondere Mädchen, jede autonome: ohne elterliche oder schulische Reglementierung praktizierte Lektüre verbieten wollte,[34] braucht heute keiner mehr zu warnen. Ohne Aufsicht und Anleitung lesen will sowieso niemand. Vom Lesen als Gemeinschaftserlebnis in der Ganztagsschule über studentische Lesekreise bis hinein in Cluster, Forschungsressorts und Orga-Gruppen geben die Cliquen, die die Gesellschaft ersetzt haben, sich selbst und einander vor, was und wie zu lesen und zu kritisieren sei, kein Gedanke darf von den Cliquen nach draußen oder von draußen in die Clique dringen, ohne vorher qua Feedback, Selbstverständigungsexposé oder Plenumsdiskussion um alles gebracht worden zu sein, was einen Gedanken ausmacht. Wenig ist nämlich heute so unbeliebt wie der Gedanke, *dass jeder Mensch*, wenn man ihn oder sie nur dazu begabt, *alles selbst entdecken kann*: was unverstanden ist, verstehen, was verstanden scheint, als fremd anschauen, alle Möglichkeiten sexueller, ästhetischer und intellektueller Freude, die bis ins Innerste zusammenhängen, erfahren und mit anderen teilen kann. Ohne diesen Gedanken wird die Rede von Freiheit zur Phrase, weshalb Erziehungsbücher, in denen Kindern, die gerade dabei sind, ihr eigenes zu entdecken, das »dritte Geschlecht« erklärt werden soll, hinter das zurückfallen, was in den Siebzigern und Achtzigern, als geschlechterpolitischer Fortschritt und sexuelle Freiheit in der Pädagogik punktuell zusammenfanden, formuliert worden ist. Etwa in den Liedern des Grips-Theaters, die mit phallisch-bellizistischer Metaphorik die Selbstmächtigkeit und Ebenbürtigkeit aller Menschen, also auch der Geschlechter proklamierten: »Mädchen, lasst euch nichts erzählen, / wehrt euch, traut euch, bittet nicht! / Lasst euch länger nicht befehlen, / was sich für ein Mädchen schickt! / [...] Wenn's uns Spaß macht, können wir Raketen bauen, / klettern über jeden Zaun, / Rennen, Ringen, Raufen, Rotzen, / Fußballspielen, Motzen, Klotzen, / Spiel- und Bandenführer sein – / So kann's sein!«.[35]

Kinderschutz und feministischer Backlash

Nur wenige Jahre später, als Elterngremien und Kindergruppen in den zu zivilgesellschaftlichen Erziehungsanstalten umgeformten Kinderläden sich völlig unspielerisch als Banden zwecks Kartellierung der Zukunft zu formieren begannen, sang Ralf Zuckowski, dessen Lieder eine ganze Generation irreversibel verdorben haben, schon in völlig anderem Ton: »Wollt ihr eines Tages Familie sein, / wo das Leben lacht und die Kinder schreien? / Dann traut euch! / Dann traut euch! / [...] Wollt ihr felsenfest zueinanderstehen, / wenn die Runzeln blühen und die Haare gehen? / Dann traut euch! / Dann traut euch!« Vom ersten zum zweiten »Traut euch!« hatte sich alles verändert: Aus einer Pädagogik der Ermunterung war eine Pädagogik des Schutzes geworden; aus der Ermutigung, dass Mädchen sich das Recht nehmen mögen, *wie die Jungen* zu sein, um in solchem Sich-Aneinander-Messen sich und die anderen zu überraschen und glücklich zu machen, war der Appell geworden, gegenüber jeglicher Zumutung stolzdoof auf das eigene schwache, bedrohte und eben dadurch bornierte Selbst zu pochen. In der Kindererziehung, keineswegs nur der Mädchen, entwickelte sich seit den späten Achtzigern, der Hochzeit Zuckowskis und Niedergangszeit des Grips-Theaters, eine Pädagogik der Verschüchterung und des Petzens, die jeden anwies, sich gegenüber anderen nicht zu viel herauszunehmen, jede Zumutung abzuwehren, jede Quelle von Beunruhigung der Mama und jeden Fremden dem Schutzmann zu melden, sich vor allem aber statt auf eine bessere auf eine *sichere* Zukunft zu freuen. Dass die Utopie der Sicherheit eine Kontrollphantasie war, die einer immer weniger sicheren Gegenwart entsprang, plauderte Zuckowskis Lied aus: Nur weil die Kleinfamilie am Abschmieren war, konnte er an die Kinderhoffnung appellieren, »*eines Tages* Familie (zu) sein«; nur weil alle Angst haben, im Alter in Klinik oder Heim zu versiechen, kann der felsenfeste Zusammenhalt nach Verrentung und erstem Herzinfarkt zur Glücksphantasie mutieren; und nur weil die Menschen nichts miteinander anfangen können, scheint es erstrebenswert, »zueinander (zu) stehen«, statt miteinander etwas zu unternehmen.

Dass die Lieblingsfeindin der Zweiten Frauenbewegung, Katharina Rutschky, die 1977 mit einer Materialsammlung zur *Schwarzen Pädagogik* hervorgetreten war, in den frühen Neunzigern zur Kritik des Kults überging, den nicht mehr nur der *Emma*-Feminismus, sondern die Gesellschaft insgesamt um Kinderschutz und eine überall drohende Pädophilie betrieb, war nur konsequent. In ihrer 1992 erschienenen Studie *Erregte Aufklärung* diagnostizierte Rutschky einen Backlash nicht nur der Pädagogik, sondern auch der Frauenbewegung, und wies auf die Bedingungen hin, die diesen ermöglicht hatten:[36] die gesellschaftliche Durchsetzung der Geschlechtergleichheit bei Fortbestehen gesellschaftlicher Ungleichheit. Die endlich in greifbare Nähe gerückte Gleichstellung der Frauen auf dem Arbeitsmarkt erwies sich, von den ökonomischen Bedingungen erfordert statt im Kampf *gegen* sie errungen, als neuer Ausdruck eines scheinbar ewigen gesellschaftlichen Zwangszusammenhangs und damit selbst als heteronom; der Zugewinn an Gleichberechtigung in sexuellen Beziehungen realisierte sich als Verlängerung und Verschärfung von Konkurrenz und Zukunftsangst ins Private hinein; der Gegensatz von Privatsphäre und Öffentlichkeit wurde vom gesellschaftlichen Prozess kassiert statt von den Individuen aufgehoben. Die als Ermunterung gemeinte Titelmaxime von Moeller-Gambaroffs Text schien sich gegen die Frauen als Spott auf die neugewonnene Freiheit wie ein Bumerang gewendet zu haben, und verwirklichte Emanzipation die Angst zu verewigen, statt sie abzuschaffen. Da die Kleinfamilie als anachronistische Vergesellschaftungsform ausgehöhlt wurde und der Erfahrungswirklichkeit entrückte, suchten Eltern, die die Familie nur mehr als Schwundform erfuhren, unter dem Motto vom Kinderschutz an der neuen Generation gutzumachen, was der eigenen misslungen war, vertieften damit aber nur den gesellschaftlichen Zwang und deformierten den Nachwuchs in einer Weise, die die Deformationen der *gelebten* Kleinfamilie, in der man aufgewachsen war, weit übertraf.

»Inneres Matriarchat« und Snowflake Generation

Der heute geäußerte Wunsch nach *Safe Spaces, Trigger Warnings* und »konsensualen Beziehungen« in allen Lebensbereichen bleibt unverstanden, wenn nicht zur Kenntnis genommen wird, dass die, die solches verlangen, einer Generation der Überschützten angehören, der die von Moeller-Gambaroff für die Frauen eingeklagte phallische Anmaßung bis in die Triebstruktur hinein geschlechterübergreifend ausgetrieben worden ist. Das heißt nicht, dass heute die Jungen schlimmerweise zu Mädchen werden, wie eine tatsächlich reaktionäre Kulturkritik behauptet, sondern ganz einfach, und wirklich schlimm: dass weder Jungen noch Mädchen zu Individuen werden. Nahm Moeller-Gambaroff noch an, dass die Überwindung des »inneren Matriarchats« Voraussetzung für die Aufhebung der Geschlechterungleichheit sei, ist heute der Kampf gegen das Gesetz des Vaters konsensual, während das »innere Matriarchat«, verdrängt und unerhellt, umso blinder herrscht. Während die von Moeller-Gambaroff für Frauen gegen das männliche Gewohnheitsrecht eingeklagte starke Subjektposition in konsensualer Kastration diverser Phallus-Substitute allen Menschen ausgetrieben wird (das routinierte Gekeife gegen oft tatsächlich erbärmliche »alte weiße Männer« erfüllt genau diese Funktion), werden zugleich alle eingeladen, Teil einer Nanny-Gesellschaft zu werden, in der alle füreinander da sind und eben deshalb jeder jeden jederzeit zerstören kann. Weil diese Entwicklung auch den männlichen Sozialcharakter betrifft, gibt es in Gender-Gruppen Männer *und* Frauen diversen Geschlechts, während die Sozialisationsinstanz der Zweiten Frauenbewegung noch die *Frauen*gruppe war. Wenn sich heute auch Männer aus Gründen, die seltsamerweise kaum jemand verdächtig findet, zu »Feministen« oder zu cis-kritischen Heteronormativitätsgegnern stilisieren, spricht sich darin das geschlechterübergreifende Bedürfnis nach Aufrechterhaltung der undurchdrungenen Herrschaft der Mutter-Imago aus, die alles repräsentiert, was unter dem Label der Gender-Kritik angestrebt wird und den Genderfeminismus konstitutionell mit dem Islam verbindet: Abschottung gegen jede Zumutung der Individuation, Aufrechterhaltung des Gefühls der eigenen Omnipotenz, Abdichtung gegen die Infragestellung durch andere, gegen jede Kritik.[37] Weil die Wirklichkeit das nicht ohne Weiteres mit sich machen lässt, werden neue Autoritätsinstanzen ersonnen, die eine unmittelbare, über das von Rutschky namhaft gemachte Prinzip des Petzens wirkende Herrschaft aufzurichten suchen. Deren passgenaues Medium sind die sozialen Netzwerke, die psychodynamisch ohnehin die Funktion einer kollektiven Übermutter erfüllen: Sobald Papa mal nicht hinguckt, nuckeln die Bürger an ihren Smartphones, und beim Aufleuchten des Displays erstrahlt auf ihren Gesichtern die abgetretene Freude des Säuglings, der von Mama bekommt, was die Welt ihm nicht bieten kann. Die Kujonierung kindlicher Sexualität ist die Kehrseite dieses Prozesses: Sie sistiert und exorziert jede Erfahrung glücklicher Selbstentgrenzung, in der die Mutter-Imago anerkannt statt verdrängt wäre.

Die Generation der in den späten Achtzigern, frühen Neunzigern geborenen Gender-Frauen und -Männer, die solche Kujonierung in einen Standortvorteil beim Hauen und Stechen um die Posten im Wissenschafts- und Kulturbetrieb ummünzen, hat die britische Autorin Claire Fox in ihrem 2016 veröffentlichten Buch *I find that offensive*, in dem sie das Ideal der freien Rede gegen dessen Einschränkung im Namen potentieller Kränkungen verteidigt, mit dem Begriff der *Snowflake Generation* beschrieben. Dieser bezeichnet eine Generation, deren Angehörige mit der Drohung, andernfalls sofort zum Nichts zu zerschmelzen, ihre Mitmenschen nötigen, sich permanent um sie zu kümmern und ihnen noch dann, wenn sie Amok laufen, ständig Recht zu geben. Die Akteure der *Snowflake Generation*, so Fox, postulierten, gerade weil sie

Kindheit nur als tradierte, aber nicht mehr als eigene Erfahrung kennen, dass die ganze Welt sich »um die Wünsche von Schulkindern« jeglichen Alters zu drehen habe: »Infolge dessen werden die Erwachsenen erpresst, um jede Empfindlichkeit der Jüngeren herumzutänzeln und allen ihren Meinungen zuzustimmen.«[38] Im universitären Alltag, mit dem sich Fox ausführlich befasst, würden Lehrer gezwungen, die Studenten um jeden Preis davor zu bewahren, »sich mit Enttäuschungen auseinanderzusetzen oder Kritik zu akzeptieren – grundlegende Fähigkeiten also, die sie benötigen, um erwachsen zu werden.«[39] Was sich auf dem Campus kristallisiert, beherrscht Fox zufolge immer mehr das gesellschaftliche Leben insgesamt: Nicht mehr die Älteren, zumindest potentiell an Erfahrung Reicheren sollen den Jüngeren etwas beibringen, auf dass diese sich von den Lehrern distanzieren und in der Negation von deren Einseitigkeit das Gelernte festhalten, sondern die Älteren müssen sich aktiv zu den »erwachsenen« Exekutoren von infantil fixierten Schutz- und Allmachtswünschen machen. Fox, die in Warwick Mitglied der Revolutionary Communist Party war und Mitbegründerin des im Jahr 2000 aus einer libertären Abspaltung der Zeitschrift *Living Marxism* entstandenen *Spiked! Magazine* ist, hat die Affinitäten solchen Feminismus zum Islam früh erkannt und im Rahmen des von ihr gegründeten Institute of Ideas eine Handhabe zu schaffen versucht, um die Lehrer an Schulen und Universitäten im nicht sensiblen, sondern offensiven Kampf gegen dschihadistische Tendenzen der Schüler und Studenten zu unterstützen.[40] Wie die in Kent lehrende Joanna Williams, die in ihrem Buch *Women vs. Feminism* zu zeigen sucht, warum in der gegenwärtigen historischen Konstellation in den westlichen Staaten die *objektiven Interessen der Frauen* notwendigerweise, und aufgrund von dessen Erfolgsgeschichte, in Widerspruch mit dem Feminismus geraten,[41] sieht sich Fox nicht als Antifeministin, sondern als Renegatin des Feminismus.

Ella Whelan, jüngste Redakteurin von *Spiked!*, antwortet im Gespräch mit der Youtube-Plattform »None of the Above« auf die wohlwollende Unterstellung: »Sie sind Feministin, stimmt's?« zum baffen Erstaunen des Interviewers: »Nein. Ich bin eine Freundin des Women's Liberation Movement, was etwas anderes ist als der Feminismus. Zu dem, was Feminismus heißt, möchte ich nicht dazugehören. Feminismus heute bedeutet: Opferpolitik, Frauen als Ungleiche behandeln, [...] Frauen wie Kinder behandeln, die ständig Protektion benötigen. [...] Ich würde also sagen: Ich habe mich als Feministin gefühlt, als ich ein Teenager war, aber als ich tatsächlich erfahren habe, was darunter verstanden wird, wie Feministinnen diejenigen behandeln, die sie vorgeben zu vertreten, dachte ich: Oh je, da will ich nicht dazugehören.«[42] Whelan benennt einige Interessen, die noch heute vom Feminismus nützlich vertreten würden: das Recht auf Abtreibung, eine für Frauen günstige Scheidungsgesetzgebung, Gleichberechtigung in Partnerschaft und Erziehung, und empfiehlt ansonsten als einzig sinnvolles Ziel des Feminismus: »Die Frauen in Ruhe lassen. Sie allein lassen. [...] Verhindern, dass Mütter an Stelle ihrer Töchter entscheiden. [...] Sie einfach unabhängig sein lassen.« Was natürlich den größten Affront bedeutet, der stolzen Stellvertretern von Frauen- und Gender-Interessen zugefügt werden kann: den Versuch, im Denken der Frauen und nicht nur von ihnen den Funken der Erkenntnis zu entfachen, *dass sie unabhängig sind*, dass sie niemanden brauchen, der für sie eintritt oder ihnen den Rücken freihält, dass es ausreichen könnte, sie leben zu lassen, wie sie wollen. Kaum zufällig sind solch unsolidarische Ansichten in Großbritannien weiter verbreitet als hierzulande und sogar in Frankreich. Der Liberalismus des Alltags, dessen Naivität dafür mitverantwortlich ist, dass sich Scharia-Zonen in britischen Großstädten früher und widerstandsloser als andernorts durchsetzen konnten, sorgt zugleich doch auch immer noch dafür, dass dem Selbstverständnis nach für Freiheit und Fortschritt, gar für die Revolution eintretende Intellektuelle Sachen sagen dürfen, auf die hierzulande der Rufmord steht. Das Nein, mit dem Ella Whelan auf die Frage nach ihrer Zugehörigkeit zum Feminismus antwortet, ist ein anderes Nein als das, das der Antisexismus predigt: nicht Ausdruck der Selbstabsperrung gegen jede unreglementierte Erfahrung, sondern der Weigerung, sich mit der ganzen Person Cliquen auszuliefern, die im besten Fall einige der eigenen Interessen vertreten. Es ist dieses Nein, auf das auch Klaus Heinrich zielt: Neinsagen an alle, die das Individuum mit Haut und Haaren zu vertreten beanspruchen; an alle, die ihren Protegés den schlechten Tausch von Schutz gegen Freiheit anzudrehen versuchen; an alle, die sich allzu sicher sind, dass man ohne sie nicht leben kann. Sich der Angst zu stellen, die der bloße Gedanke an ein solches Nein auslöst, und es trotzdem auszusprechen, damit irgendwann vielleicht wirklich niemand mehr Angst haben muss – *das* wäre ein Akt der Emanzipation.

Anmerkungen

1 Dieses und die folgenden Zitate finden sich hier: www.asta.asfh-berlin.de/de/News/offener-brief-gegen-gedicht-an-der-hochschulfassade.html.

2 Zitiert nach: www.spiegel.de/kultur/gesellschaft/eugen-gomringer-gedicht-sind-maenner-nicht-auch-huebsch-kolumne-von-margarete-sto kowski-a-1166168.html.

3 Hierzu und zum Folgenden: www.deutschlandfunkkultur.de/kontroverse-um-eugen-gomringers-gedicht-kunstfreiheit.2156.de.html?dram:article_id=394868.

4 Im Januar 2018 beschloss der Akademische Senat der Hochschule, das Gedicht durch ein anderes der Lyrikerin Barbara Köhler übermalen zu lassen; statt des Gomringer-Gedichts soll nun alle fünf Jahre ein neues Gedicht die Fassade zieren. Damit hat die Hochschulleitung den Diffamierungen nachgegeben. Vgl.: www.welt.de/kultur/article172785249/Berlin-Alice-Salomon-Hochschule-uebermalt-angeblich-sexistisches-Gedicht-von-Eugen-Gomringer.html. Inzwischen hat eine Hellersdorfer Wohnungsbaugenossenschaft Gomringers Gedicht aus Protest gegen die Haltung der Hochschule an einer ihrer Fassaden angebracht, wo es nachts sogar beleuchtet ist. Siehe: www.tagesspiegel.de/berlin/avenidas-zurueck-in-berlin-gomringer-gedicht-jetzt-doppelt-an-hellersdorfer-fassade/24028842.html.

5 Vgl. den *FAZ*-Artikel von Philipp Felsch: www.faz.net/aktuell/feuilleton/debatten/aus-studenten-mach-studierende-fichte-anno-1811-14225710.html.

6 Zu diesem Topos siehe Rüdiger Steinlein, Die domestizierte Phantasie. Studien zur Kinderliteratur, Kinderlektüre und Literaturpädagogik des 18. und frühen 19. Jahrhunderts, Heidelberg 1987.

7 Der Dichter bringt laut Rilke in sich selbst die Rillen zum Klingen, aus

denen die Stimmen des Stummen (der Mädchen, der Blumen, der Tiere, der Dinge) tönen. Siehe Friedrich Kittler, Grammophon Film Typewriter, Berlin 1986, 63 ff.

8 Marina Moeller-Gambaroff, Emanzipation macht Angst, in: *Kursbuch*, hg. von Karl Markus Michel und Harald Wieser, März 1977, 2–25, hier 2 f.

9 Ebd., 2.

10 Ebd., 3.

11 Ebd., 4.

12 Ebd.

13 Ebd., 15, 18.

14 Ebd., 4.

15 Ebd., 20.

16 Ebd., 22.

17 Ebd., 23 f.

18 Vgl. *Emma*, 4 /1980.

19 Barbara Sichtermann, Vergewaltigung und Sexualität. Versuch über eine Grenzlinie, hier zitiert nach: Frauen und Sexualmoral, hg. von Marielouise Janssen-Jurreit, Frankfurt a. M. 1986, 382–391, 383 f.

20 Ebd., 387.

21 Ebd., 389 f.

22 Ebd.

23 Über die Zweite Frauenbewegung als Gegenreaktion auf misogyne Tendenzen der Achtundsechziger-Bewegung siehe Gerd Koenen, Das rote Jahrzehnt, Unsere kleine deutsche Kulturrevolution 1967–1977, Köln 2001, 233–256. Einen gerade wegen seiner durchgehend affirmativen

Haltung erschreckenden Eindruck von der »Politik der offenen Schlafzimmertür« in den Kommunen vermittelt Rolf Schwendter, Theorie der Subkultur, Frankfurt a. M. 1978, hier 217.

24 Ich orientiere mich im Folgenden an: Juliette Mitchell, Psychoanalyse und Feminismus. Freud, Reich, Laing und die Frauenbewegung, Frankfurt a. M. 1976; Béla Grunberger, Vom Narzissmus zum Objekt, Frankfurt a. M. 1976; sowie an dem Band: Psychoanalyse der weiblichen Sexualität, hg. von Janine Chasseguet-Smirgel, Frankfurt a. M. 1974.

25 Vom französischen »Differenzfeminismus« (Hélène Cixous, Luce Irigaray), der die psychogenetische Einheit männlicher und weiblicher Subjektkonstitution und damit letztlich den Gedanken der Einheit des Menschengeschlechts leugnet, um an der weiblichen Subjektgenese gerade deren Hauptproblem, die größere Nähe zur symbiotischen Mutter, als erhaltenswerte Besonderheit zu hypostasieren, unterscheidet sich Julia Kristeva dadurch, dass sie gelingende Subjektkonstitution weder an eine Bannung der Mutter-Imago noch an die Verschmelzung mit ihr, sondern an deren Anerkennung bindet, die sich vor allem im Spracherwerb vollziehe. Vgl. Julia Kristeva, Die Revolution der poetischen Sprache, Frankfurt a. M. 1999, sowie insgesamt: Toril Moi, Sexus – Text – Herrschaft. Feministische Literaturtheorie, Bremen 1989.

26 Besonders offensiv trat dieser Vermeidungswahn schon damals im Kunst- und Kultursektor auf, wo unter dem Label »weiblicher Ästhetik« zu einem Zeitpunkt, als es darum hätte gehen müssen, dass sich die massenhaft auf dem Markt zugelassenen Frauen an den Hervorbringungen ihrer Kollegen *messen*, eben diese Zumutung der Vergleichung abgewehrt wurde. Hier fand der »Differenzfeminismus« das ihm gebührende Betätigungsfeld, noch das dümmste Geschmier wurde, sofern es als Zeugnis »weiblichen Schreibens« oder »weiblicher Erfahrung« verkauft werden konnte, akademisch geadelt. Exemplarisch für die damit einhergehende Tendenz zur (Selbst-)Pathologisierung, zur Aufnordung von Mängeln und Schwächen zu »weiblichen Qualitäten«, ist Sigrid Weigel, Der schielende Blick. Thesen zur Geschichte weiblicher Schreibpraxis, in: *Das Argument* 96

(1983), 83–137, worin die schiefe Optik, mit der Frauen angeblich die Welt ansehen, dem distanzierend-penetrierend-fixierend-herrischen Blick des Mannes gegenübergestellt wurde. Zu den Verheerungen, die (nicht nur) der »Differenzfeminismus« in Kunst und Literatur angerichtet hat, vgl. die zusammenfassende Erledigung von Marlies Janz, Ästhetik und Theorie. Zur feministischen Literaturtheorie, in: *Literatur Konkret*, Heft 12 (1987/88), 96–98. Alle Kritik hat seither nichts genützt, und 1996 durfte ausgerechnet Ruth Klüger mit ihrem Bestseller *Frauen lesen anders* frauenthemeninteressierte Nachwuchsakademikerinnen ermuntern, mit dem Stolz auf ihre »Perspektive« jeden potentiellen Mangel intellektueller Fähigkeiten zu kompensieren.

27 Vgl. die Milieubeschreibung von Katharina Rutschky, Emma und ihre Schwestern. Ausflüge in den real existierenden Feminismus, München, Wien 1999.

28 Die Kritik an der Rede von »weiblicher Ästhetik«, die u.a. Bovenschen und Lenk übten, fand ebenfalls in der *Schwarzen Botin* ihr Forum, ohne dass diese sich dem Egalitätsfeminismus verschrieben hätte. Eher vertrat die Redaktion die Ansicht, dass erst auf der Grundlage einer entfalteten Gleichheit die Unterschiede der Individuen, die immer auch geschlechtliche sind, unreglementiert zur Geltung kämen. Dass vor diesem Hintergrund die Ästhetik durchaus Bedeutung hat, nur eben eine andere als im »Differenzfeminismus«, zeigt Elisabeth Lenk, Kritische Phantasie, München 1986.

29 Dies galt allerdings vor allem in den ersten Jahren und auch dann nicht immer. In ihrer als Antwort auf die Ankündigung des hier abgedruckten Vortrags formulierten Bemühung, die *Schwarze Botin* zur ersten Kritikerin der Spezies des *Bahamas*-Mannes zu erklären, hat die Leipziger Zeitschrift *Outside the Box* unfreiwillig in Erinnerung gerufen, was der Vortragende aus Höflichkeitsgründen unterschlagen hatte – dass auch die *Schwarze Botin* vulgärfeministische Ausfälle publizierte: »Eine Collage in der ersten Ausgabe, die eine Frau mit dem Kopf eines guillotinierten Mannes zeigt und ›Kastration‹ nur als ›Übergangslösung‹ im Umgang mit

Männern bezeichnet, hatte wüste Beschimpfungen von Seiten des Kommunistischen Bunds, aus dessen Umfeld [!] sich in den 1990er Jahren die Zeitschrift *Bahamas* gründet, zur Folge.« Vgl. outside-mag.de/papers/91. Dass die *Bahamas* Ergebnis einer Abspaltung des KB und die *Schwarze Botin* bei deren Gründung längst verblichen war – alles wurscht, solange es nur gelingt, die genuine Provokation der *Schwarzen Botin*, ihre Unsolidarität mit dem Feminismus, kleinzureden und sie im Tonfall des korrupten Kulturredakteurs (»Einige der Beiträge besitzen eine frappierende Aktualität«) zur bloßen Vorläuferin der eigenen Sache zu erniedrigen. In Wahrheit taugt die *Outside the Box* nicht mal als Vorläuferin der *Schwarzen Botin.*

30 Zitiert nach: Schleim oder Nichtschleim, das ist hier die Frage, in: *Die schwarze Botin* 1 (1976), 4 f. Teilweise nachgedruckt in: Die Neue Frauenbewegung in Deutschland. Abschied vom kleinen Unterschied, hg. von Ilse Lenz, Wiesbaden 2010, 114–116.

31 In den vergangenen Jahren gab es mehrere Versuche, die Zeitschrift in Erinnerung zu rufen. Vgl.: dieschwarzenbotinnen.wordpress.com/about.

32 Schwarzers partielle Hellsichtigkeit gegenüber dem Islam verdankt sich dem gleichen Widerspruch, der sich an ihren unentschuldbaren Äußerungen zu Sexualpolitik, Kinderschutz und Prostitution zeigt: Sie ist, obzwar frauenpolitisch Gleichheitsfeministin, sexualtheoretisch und sexualpolitisch Differenzfeministin schlimmster Sorte. In puncto Gleichstellung von Frauen im Beruf, Recht auf Schwangerschaftsabbruch, politische Repräsentation usw. vertritt sie durchweg gleichheitstheoretische Forderungen – aber immer nur so lange, wie das Apriori unüberwindlicher sexueller Differenz, um das es ihr zuallererst und zuallerletzt zu tun ist, nicht angetastet wird. Weil sie Frauen die Fähigkeit zu aggressiver Sexualität – von der Lust an Schmerz, Destruktion, Penetration ganz zu schweigen – pauschal abspricht, um solche Impulse als Außengefahr auf den Mann zu projizieren, kommt sie besonders beim Thema Prostitution zu erzreaktionären Positionen. Aber auch ihr Eintreten für das Recht auf Abtreibung, das vor diesem Hintergrund den Beigeschmack eines sadis-

tischen Pochens auf die Notwendigkeit des Exorzismus *genossener Heterosexualität* am Leib der Frau erhält, rückt dadurch ins Zwielicht. Auch ihre Islamkritik hat in diesem sexualpolitischen Differenzfeminismus ihre Grenze: Dass sie, ginge es ihr wirklich um den Kampf gegen islamische Zumutungen, ihre Ausfälle gegen »sexistische Werbung« und dergleichen längst hätte revidieren müssen, scheint ihr jedenfalls bislang nicht aufgefallen zu sein.

33 Walter Benjamin, Die Technik des Kritikers in dreizehn Thesen, in: Ders., Gesammelte Schriften, hg. von Rolf Tiedemann und Hermann Schweppenhäuser, Bd. IV, Frankfurt a. M. 1972, 108.

34 Katharina Rutschky, Die Lesewut. Autonome Bildungsprozesse von Kindern im 19. Jahrhundert, in: *Der Deutschunterricht* 32 (1980), Heft 5, 78–98.

35 Zitiert nach der CD *Wir werden immer größer*, aus der auch der Aufsatztitel stammt. Die Lieder sind emblematisch für die bis Mitte der Achtziger durchaus populäre Tradition einer unpädagogischen, ermunternd-anarchischen Kinderkunst. In diesen Kontext gehörte auch die bei Mittelstandsbürgern und Feministinnen gleichermaßen unbeliebte, mit Beschwerden überhäufte Kinderserie *Rappelkiste*, die von 1973 bis 1984 im ZDF ausgestrahlt wurde. Hier wurden mit den Puppen Ratz und Rübe Szenen gespielt, bei deren Betrachtung Genderfeministen getriggert auf der Couch zusammenbrächen, z.B. »Junge oder Mädchen«. Vgl.: www.youtube.com/watch?v=MyP02-UB3lE.

36 Katharina Rutschky, Erregte Aufklärung. Kindesmissbrauch: Fakten & Fiktionen, Hamburg 1992.

37 Vor allem in der Nachfolge von Gilles Deleuzes und Félix Guattaris *Anti-Ödipus* ist seit den 1970er Jahren die nicht oder nur unvollständig statthabende Ablösung von der Mutter zur subversiven Anti-Sozialisationsform erklärt worden. Zur Kritik daran vgl.: Wege des Anti-Ödipus, hg. von Janine Chasseguet-Smirgel, Frankfurt a. M. 1986. Auch die intersubjektivitätstheoretische Variante solcher Aufwertung der symbiotischen

Mutterbindung, wie sie Jessica Benjamin vertritt, ist letztlich ein Plädoyer für Regression: Überführt in eine von Hegel auf Honneth heruntergewirtschaftete »Theorie der Anerkennung«, schrumpft die Triebtheorie zu einer Art von Interaktionstheorie mit werdendem Subjekt, Mutter und Vater als Interaktionsinstanzen, womit der Triebbegriff eskamotiert und das historisch produzierte, in seinen sinnlich-geistigen Möglichkeiten kastrierte Rumpfsubjekt zum Subjekt per se aufgemöbelt wird. Vgl. z.B. Jessica Benjamin, Der Schatten des Anderen. Intersubjektivität, Gender, Psychoanalyse, Frankfurt a. M. 2002. Weitere »Anerkennungsfeministinnen« wie Nancy Fraser und Seyla Benhabib kommen auf anderen Wegen zu ähnlichen Ergebnissen.

38 Claire Fox, »I Find That Offensive«, London 2016, 131.

39 Ebd., 133.

40 Vgl.: www.instituteofideas.com/forums.

41 Joanna Williams, Women vs. Feminism. Why We All Need Liberating from the Gender Wars, Bingley 2017.

42 Vgl.: www.youtube.com/watch?v=xHVlk8zuMqw. – 2017 hat Whelan ihre Überlegungen in dem Band *What Women Want: Fun, Freedom and an End to Feminism* zusammengefasst.

Vollendete Abtreibung

Am 11. Januar 2019 suchte ein 25-jähriger Asylbewerber aus Afghanistan im rheinland-pfälzischen Bad Kreuznach seine schwangere Freundin, eine ebenfalls 25-jährige Polin, im Krankenhaus St. Marienwörth auf. Im Krankenzimmer kam es zu einem Streit, in dessen Folge der Mann mit einem mitgebrachten Messer auf die Frau einstach; anschließend floh er aus dem Gebäude. Eine Patientin, die den Tathergang beobachtet hatte, holte mittels des Notrufknopfes Hilfe. Die Polin wurde notoperiert und in ein anderes Krankenhaus verlegt, der mutmaßliche Täter, der 2015 nach Deutschland gekommen war, begab sich nach Verlassen des Krankenhauses zum Bahnhof und stellte sich dort der Bundespolizei, von der er in Untersuchungshaft genommen wurde.[1] Das Leben der Polin, die vor ihrem Krankenhausaufenthalt aus bisher nicht bekannten Gründen in einem Frauenhaus in Bad Kreuznach gelebt hatte, konnte gerettet werden. Ihr ungeborenes Kind starb an den Verletzungen, die ihm am rechten Bein zugefügt wurden, sowie am hohen Blutverlust der Mutter. Der Täter war, wie sich später herausstellte, der Vater des Kindes.[2] Dem Afghanen wurden versuchter Mord, gefährliche Körperverletzung und »vollendeter Schwangerschaftsabbruch« vorgeworfen.

Während die Vorsitzende des örtlichen Integrationsbeirats, Annette Bauer, gegenüber der *Mainzer Allgemeinen Zeitung* die Frage nach einem Zusammenhang zwischen der kulturellen Herkunft des Mannes und der Grausamkeit seiner Tat mit der Generalformel »Täter sind Täter« zurückwies und sogar noch angesichts einer Trauerkundgebung, die die sozialdemokratische Bürgermeisterin anberaumt hatte, um »die Trauerarbeit nicht der AfD« zu überlassen, vor »Sensationsgehasche« warnte, sprach die AfD Bad Kreuznach der Mutter, »die durch die Hand eines illegal eingereisten Asylsuchenden ihr kurz vor der Entbindung stehendes Baby auf grausame Weise verloren hat«, ihr »Mitgefühl« aus. Der AfD-Landtagsabgeordnete Jürgen Klein verband dies mit der Forderung, den Anklagepunkt »vollendeter Schwangerschaftsabbruch« durch »Tötung eines Kindes« in Tateinheit mit »Mordversuch an der Mutter« zu ersetzen.[3] Dadurch übernahm es die AfD nicht nur zum wiederholten Male, die konsensuale Gleichgültigkeit gegenüber von moslemischen Migranten verübten Gewaltverbrechen zu skandalisieren, sondern nutzte die Tat zugleich als Argument gegen ein liberales Abtreibungsrecht. Dass das Verbrechen des Afghanen nicht als Kindstötung, sondern als »vollendeter Schwangerschaftsabbruch« gefasst wird, ist aber nicht in einer gezielten Verharmlosung gerade dieser Tat begründet, sondern konsequente Folge der gegenwärtigen Gesetzeslage. Schwangerschaftsabbrüche gehören zu den »Straftaten gegen das werdende Leben«, dessen Schutz grundsätzlich mit dem Abschluss der Nidation, also zwischen dem 9. und 13. Tag nach der Befruchtung, beginnt und mit dem Einsetzen der Eröffnungswehen bei der Entbindung endet. Fälle der »Tötung der Leibesfrucht« werden in solche unterschieden, die im Einverständnis mit, und solche, die gegen den Willen der Schwangeren vorgenommen werden. § 218 Abs. 2 StGB sieht in »besonders schweren Fällen« der Tötung der Leibesfrucht eine Freiheitsstrafe von bis zu fünf Jahren vor.[4] Ein besonders schwerer Fall liegt vor, wenn der Täter »gegen den Willen der Schwangeren handelt« oder »leichtfertig die Gefahr des Todes oder einer schweren Gesundheitsschädigung der Schwangeren verursacht«. Der letzte Punkt zielt vor allem auf fahrlässig unsachgemäß vorgenommene Schwangerschaftsabbrüche, der erste betrifft die »Tateinheit« von »Mordversuch an der Mutter« und »Tötung der Leibesfrucht«, welche die AfD umformulieren lassen möchte, um die Unterscheidung zwischen »Leibesfrucht« und »Kind« zu verwischen.

»Jemand«, nicht »etwas«

Obwohl das Ansinnen, den Tatbestand der Tötung der Leibesfrucht anlässlich der Grausamkeit des Bad Kreuznacher Falles durch den abweichenden Tatbestand »Tötung eines Kindes« zu ersetzen, offenkundig taktisch motiviert ist, wird das Befremden, das die Klassifizierung von Verbrechen wie dem des Afghanen als »vollendeter Schwangerschaftsabbruch« spontan auslöst, durch diesen Einwand nicht aus der Welt geschafft. Die Formulierung ist jedoch nicht prinzipiell verharmlosend. Im Gegenteil ist in ihr eine Erkenntnis festgehalten, über die weder empowernde Feministinnen noch selbsterklärte Lebensschützer gerne nachdenken. Jedem Schwangerschaftsabbruch muss eine Abwägung zwischen den Rechten des ungeborenen Kindes und der Mutter zugrunde liegen. Wo auf die Rechteabwägung entweder zugunsten des Ungeborenen, das hilfloses Opfer einer Tötung durch die Mutter sei, oder zugunsten der Mutter, die etwas Ungeborenes gar nicht töten könne, verzichtet wird, opfert man entweder das mündige Individuum, das die Mutter ist, dem ungeborenen Leben, oder das Ungeborene, das ein künftiger individueller Mensch ist, der Willkür der Geborenen.[5] Sowohl Gegner von Schwangerschaftsabbrüchen wie Propagandisten von deren restloser Legalisierung stören sich an den windungsreichen Formulierungen des § 218, die entweder als Indiz einer uneingestandenen Kumpanei des Gesetzgebers mit den Feinden des werdenden Lebens oder als Symptom einer ausnahmslosen Kriminalisierung von Abtreibungen gedeutet werden. Tatsächlich reflektiert der Windungsreichtum eine Aporie, die in der Sache selbst liegt und sich nur durch institutionalisierte Bestialität aus der Welt räumen ließe. Würde ein Mensch erst dadurch zum Träger von Rechten, dass er auf die Welt kommt, ständen die Menschenrechte per se unter dem Vorbehalt ihrer Relativierung: Wenn nur das geborene, nicht auch das ungeborene Leben Rechtssubjekt ist, dann lassen sich ebenso gut Argumente dafür finden, die Rechte des mit körperlicher oder geistiger Behinderung *geborenen* Lebens einzuschränken,[6] weshalb es keine Lüge fundamentalistischer Katholiken, sondern historische Wahrheit ist, dass zwischen Abtreibungspropaganda und Euthanasie, kulminierend im Nationalsozialismus, seit jeher eine innige Affinität besteht.

Das ungeborene Kind ist mithin nicht als Ungeborenes ein »Etwas«, das als Geborenes zum »Jemand« wird, sondern hat ethisch und rechtlich von Beginn an als ein »Jemand« zu gelten, als ein »Jemand« allerdings, das im Leib eines anderen »Jemand« heranwächst, der nicht nur gleichermaßen Träger von Menschen-, sondern auch von Bürgerrechten ist. Die aporetische Konstruktion des Schwangerschaftsabbruchs als rechtwidrige, aber unter bestimmten Bedingungen straffreie Handlung verdankt sich nicht einfach einer verkappten Intention des Souveräns, Frauen im Fall einer vorgenommenen Abtreibung irgendwie doch bestrafen zu können, sondern ist die adäquate juristische Kodifikation dieses Widerspruchs. Dass sie Medizinern, Vätern und anderen Personen erlaubt, Druck auf Frauen auszuüben, eine Schwangerschaft nicht abzubrechen (oder aber, was ebenfalls geschieht, von Feministinnen jedoch seltener diskutiert wird: sie abzubrechen), das nimmt dieser Konstruktion nicht ihre Legitimität. Im Gegenteil wird durch sie die Frau als mündiges Subjekt gesetzt, dem jene

Rechteabwägung nicht durch Experten oder andere Vormünder aus der Hand zu nehmen, sondern als Gegenstand individueller Entscheidung zuzumuten ist. Die Zumutung ist selbst keine moralische Erpressung, sondern notwendige Konsequenz dessen, dass auch der werdende Mensch Person, also Rechtssubjekt ist. Schwangerschaft bedeutet, dass in einem individuellen Menschen ein anderer Mensch heranwächst, der von jenem abhängt, indem er sich von ihm unterscheidet. Dieser Prozess der Unterscheidung, biologisches Substrat der Individuation, kulminiert in der Geburt, beginnt aber ebenso wenig mit ihr, wie er mit ihr endet. Dass der Mensch, in dem der andere Mensch heranwächst, bis heute immer eine Frau ist, bezeugt die fortdauernde Verschlungenheit von Naturgeschichte und Herrschaft, die sich aber nicht dadurch auflösen lässt, dass der werdenden Mutter alle Rechte und dem werdenden Menschen keine zugesprochen werden. Die Einzelbestimmungen des StGB zum Schwangerschaftsabbruch sind Reflexionen auf diese Gegebenheiten.

Dass ein Schwangerschaftsabbruch für die Frau straflos ist, sofern sie ihn binnen zwölf Wochen nach der Empfängnis nach einer Beratung und dreitägigen Bedenkfrist von einem Arzt vornehmen lässt, während der Arzt sich unter Umständen strafbar macht (was nicht heißt, dass er belangt wird), bringt den Primat des Schutzes der werdenden Mutter sowie die Differenz zwischen dem Willen der Frau und der Pflicht des Arztes zum Ausdruck, der nicht einfach Dienstleister der Patientin ist. Zugleich wird durch die Fristenlösung der mit der Entwicklung der Schwangerschaft fortschreitenden Differenzierung des ungeborenen Kindes von der Mutter Referenz erwiesen. Dass die Schutzpflicht gegenüber der Leibesfrucht mit dem Zeitpunkt der Einnistung der befruchteten Eizelle in die Gebärmutterschleimhaut beginnt, ist kein Restbestand christlichen Aberglaubens, sondern trägt der Tatsache Rechnung, dass der Gedanke von unterschiedslos allen

Menschen zukommenden Rechten sich nur konsequent begründen lässt, wenn dem menschlichen Leben von Beginn an genuine Würde zukommt.[7] Beratungspflicht und Bedenkfrist implizieren nicht von sich aus unbotmäßigen moralischen Druck, sondern sollen der werdenden Mutter den Ort und die Zeit geben, die für jene Rechteabwägung nötig ist, von der vernünftigerweise angenommen wird, dass *jede* Frau sie vor der Entscheidung für einen Schwangerschaftsabbruch ohnehin vollzieht, und dienen (weil die Beratung medizinische Information beinhaltet) auch dem Schutz der Schwangeren vor ärztlicher Willkür. Medizinische und kriminologische Indikation (§ 218a Abs. 2 und 3) schützen das Recht der Frau auf körperliche Selbstbestimmung insbesondere in solchen Fällen, wo die Austragung des Kindes gegen den Willen der werdenden Mutter erzwungen oder eine mit der Schwangerschaft in Verbindung stehende Straftat niedriger gewichtet zu werden droht als das Recht des ungeborenen Kindes. Diskriminierungen, psychischer Druck und Drohungen, denen Frauen, die eine Abtreibung vornehmen lassen wollen, ausgesetzt sind, resultieren aus der unzureichenden Verwirklichung dieser Gesetzeslage im familiären und vor allem im ärztlichen Umfeld,[8] nicht aus den Rechtsbestimmungen selbst.

Kinder und Klumpen

Dass diese Bestimmungen gegenüber einem gesellschaftlichen Zustand, in dem »vollendeter Schwangerschaftsabbruch« bei Inkaufnahme des Todes der Mutter als Rache für Ungehorsam praktiziert wird oder man Frauen lieber zwingt, unter Lebensgefahr ein Kind zur Welt zu bringen, als ihnen eine Abtreibung zu ermöglichen, Ausweis von Zivilisation und Rechtsgleichheit sind, scheinen insbesondere Feministinnen immer seltener zu bemerken. Während einer Generalaussprache der Jusos, die auf ihrem Bundeskongress Ende 2018 in einem Gesetzentwurf die Streichung von § 218 und § 219 (der die Beratungspflicht regelt) sowie die Legalisierung von Schwangerschaftsabbrüchen über die 12. Woche hinaus ohne medizinische Indikation und ohne Fixierung einer neuen Frist gefordert haben,[9] brachten einige ärztlich kundige Teilnehmerinnen den vernünftigen Einwand vor, dass eine ohne medizinische Indikation vorgenommene Spätabtreibung etwa im 6. Monat unter Umständen zu einer »frühen Geburt« und aus dem Schwangerschaftsabbruch so tatsächlich eine Tötung des lebensfähigen Kindes werden könne. Sie wurden daraufhin unter johlendem Applaus von einer anderen Teilnehmerin mit der Parole zur Räson gerufen, man sei hier »bei den Jusos« und nicht »auf dem Deutschlandtag«. Die Reflexion auf medizinische Ethik diffamierte die Rednerin, die sich durch die Aufschrift ihres T-Shirts als Inkarnation des »Feminismus« zu erkennen gab, als »pathetische Rhetorik«, die mit offensivem Menschenhass zu kontern sei: »Uns wurde gerade gesagt, wir müssten für etwas einstehen. Ja, für die Lebenden, für die Frauen, für ihre Selbstbestimmung, und nicht für irgendwelche Ungeborenen. […] Die haben einfach vorher kein Recht, und […] das Menschenrecht gilt zuerst mal für die Frau, und dann für alles andere.«[10]

Das Ungeborene gehört dieser Argumentation zufolge, die sich weniger dümmlich und weniger demagogisch in fast allen feministischen Plädoyers für die ersatzlose Streichung des § 218 findet,[11] nicht zu den »Lebenden« und hat daher »vorher« keinerlei »Recht«. Die Rechte der Frau wiederum werden nicht aus den Menschenrechten abgeleitet, sondern »das Menschenrecht« wird propagandistisch missverstanden als Gruppen-, in diesem Fall als Frauenrecht, demgegenüber »alles andere« hintanzustellen sei. Indessen haben die Menschenrechte ihren Geltungsgrund gerade darin, dass sie immer auch für *alle anderen* gelten, die hier in symptomatischer Weise versächlicht werden, wie auch der Personenstatus Ungeborener verächtlich bestritten wird, indem diese zu »irgendwelchen« bestenfalls menschenähnlichen Gebilden schrumpfen. Die in solch »feministischen« Kreisen gängige Rede von Embryonen als »Zellklumpen« befördert, auch wenn sie taktisch zwecks Empowerment Schwangerer in einer Notsituation eingesetzt wird,[12] die Neigung, werdenden Menschen den Personenstatus abzusprechen, den sich diejenigen, die solche Entmenschlichung betreiben, natürlich permanent selbst konzedieren, ohne sich zu fragen, wann sie zu der Person geworden sind, als die sie sich begreifen. Die Frage, wo die Grenze zwischen »vorher« und »nachher« im Übergang menschlichen Lebens von der Nicht-Person zur Person denn genau verlaufen soll – bei der Geburt, bei der selbständigen körperlichen Lebensfähigkeit, ein bisschen früher oder doch ein bisschen später –, kann gar nicht anders als voluntaristisch beantwortet werden, was der Juso-Beschluss denn auch bestätigt hat, indem er die Bestimmung der Grenze zwischen beidem der Willkür der jeweiligen Frauen überlässt. Dagegen hatten die sozialdemokratischen Medizinerinnen mit ihrem Hinweis auf den fließenden Übergang zwischen Spätabtreibung und Tötung der Frühgeburt in den Blick gerückt, dass in jede Entscheidung über die Vornahme eines Schwangerschaftsabbruchs immer und notwendig ethische und rechtsphilosophische Setzungen eingehen, auch dort, wo das zugunsten pragmatischer Wurschtigkeit geleugnet wird.

Am Übergang zwischen Spätabtreibung und Tötung der Frühgeburt wird evident, was für jede Abtreibung gilt und ihr nicht etwa nur juristisch oder medizinisch unterstellt wird: *In ihr wird eine Person getötet*, die das säkulare bürgerliche Recht, um sie vom geborenen, körperlich von der Mutter getrennten Kind zu unterscheiden, Leibesfrucht nennt. Die einzige Möglichkeit, dieses

Skandalon nicht zu leugnen und trotzdem ihm gegenüber das Selbstbestimmungsrecht der Frau zu wahren und zu stärken, ist die Sicherstellung einer möglichst unbeeinflusst stattfindenden Rechteabwägung durch die Schwangere. Wo das bestritten wird, sei es, weil man das ebenfalls stets entindividuiert und versächlicht beschworene »ungeborene Leben« höher wertschätzt als die lebende Frau, sei es, weil man die Frau als alleiniges Subjekt der Verfügungsgewalt über ein zum Gegenstand verdinglichten »Irgendwas« halluziniert, wird über menschliches Leben im Modus der Lebensverachtung verhandelt. So sehr Feministinnen gegenüber einem im Grunde noch der Naturreligion verhafteten Stammeskatholizismus im Recht sind, der wie in vielen lateinamerikanischen und afrikanischen Staaten das ungeborene Leben um den Preis des buchstäblichen Frauenopfers zur Welt zu bringen bestrebt ist,[13] so offenkundig richtet sich die Verachtung, mit der die gleichen Feministinnen von »irgendwelchen Ungeborenen« reden, nicht nur gegen das ungeborene, sondern auch gegen das geborene Leben. Die anmaßende Behauptung, man fände »irgendwelche Ungeborenen« nicht so wichtig, weil man auf Seiten der »Lebenden« stehe, täuscht lügnerisch über diesen Zusammenhang hinweg. Tatsächlich kann nur solidarisch mit den Lebenden sein, wer im Ungeborenen, der jeder lebende Mensch früher einmal selbst gewesen ist, einen künftigen Geborenen, also eine Person sieht. Die Verachtung des ungeborenen ist die Kehrseite der Verachtung des geborenen Lebens.

Delegierte Verantwortung

Wenn heute deutsche Nachwuchskarrierefrauen mit Blick auf die Gesetzeslage zum Schwangerschaftsabbruch von einem »Gebärzwang« salbadern,[14] bedeutet das nicht nur eine eklatante Verharmlosung der Situation in solchen Ländern, in denen Frauen tatsächlich gezwungen sind, um den Preis des eigenen Lebens Kinder zur Welt zu bringen – was dieselben Länder nicht davon abhält, in Fällen, in denen die Schwangerschaft die patriarchalische oder sonstwie kulturelle Ehre kränkt, zuzulassen, dass das Ungeborene getötet wird.[15] Die Rede vom »Gebärzwang« täuscht auch darüber hinweg, dass die Subsumption der Frauen unters Prinzip der Lohnarbeit, die von diesen selbst erkämpft wurde, der Liberalisierung der Abtreibungsgesetzgebung in den westlichen Staaten gerade vorgearbeitet hat. Tatsächlich einem »Gebärzwang« ausgesetzt sind Frauen in solchen Kulturen, in denen Kinder unmittelbarer Garant der Subsistenz, also *Lebensmittel* ihrer Eltern und der Gemeinschaft sind, der sie zugehören. Die kapitalistische Vergesellschaftung und die bürgerliche Gesetzgebung, in der sie sich reflektiert, ermöglichten zum ersten Mal in der Geschichte den Gedanken, dass kein Mensch je bloßes Lebensmittel der anderen sei, sondern seinen Zweck in sich selbst habe. Da die Gesellschaft, die diesen Gedanken aus sich hervortrieb, weiterhin eine unfreie blieb, traten an die Stelle des unmittelbaren Zwangs vermittelte Zwänge, die jedoch nicht allein den Begriff, sondern die Wirklichkeit gesellschaftlicher Herrschaft umstürzend verändert haben. Dass in westlichen Gesellschaften nicht nur kein »Gebärzwang« herrscht, sondern mittlerweile geradezu im Gegenteil diverse »Anreize« ökonomischer und rechtlicher Art ersonnen werden, um zur Familiengründung zu ermuntern, bezeugt dies. Ebenso wenig wie solche Anreize einen Zwang implizieren, Kinder zur Welt zu bringen, bedeuten durch Information und Beratung nahegelegte Anregungen zur »Familienplanung« ein gegenüber Frauen ausgesprochenes Verbot, zum karrieregeschichtlich falschen Zeitpunkt Kinder zu bekommen. Die immer wieder mal aufgestellte Behauptung, ausgerechnet die Pille habe qua Internalisierung von gesellschaftlichen Zwängen die Anpassung von Frauen an fragwürdige

Rollenbilder befördert, statt zu ihrer Emanzipation beizutragen,[16] ist eine Erscheinungsform solch feministisch camouflierter Frauenfeindlichkeit.

Dass eine bedeutende Strömung des Feminismus hierzulande[17] Verhütungsmethoden wie Pille oder Spirale, die von der Frau selbst gehandhabt werden können, unabhängig von möglichen gesundheitlichen Einwänden als Mittel einer Selbstmanipulation perhorresziert, bei der die Frau für das Risikomanagement der eigenen Fruchtbarkeit verantwortlich gemacht werde, während sich der faule, chauvinistische Mann auf den sexuellen Genuss konzentrieren könne, ist nicht nur befremdlich, weil die gleichen Feministinnen im Falle der Abtreibung eine »männliche« Medizin beschuldigen, den Frauen eine Gebärpflicht zu oktroyieren: Im ersten Fall wird »den Männern« unterstellt, der Frau die Verantwortung für die Schwangerschaftsverhütung *aufzuzwingen*, im zweiten, ihnen die Verantwortung für die Entscheidung über den Schwangerschaftsabbruch zu *entreißen*. Das Argument, durch die Frau gehandhabte Verhütungsmethoden dienten anders als die als wünschenswert proklamierte »Pille für den Mann«[18] weiblicher Selbstunterwerfung, ist vielmehr auch für sich genommen idiotisch: Indem die Frau über Zeit und Art der Verhütung entscheidet, eignet sie sich überhaupt erst die Verfügungsmacht darüber an, wie sie mit der ihr gegebenen Möglichkeit, Kinder zu gebären, umgehen möchte – eine Selbstermächtigung, die sie aus der Hand gäbe, würde sie sich ernsthaft darauf verlassen, dass der Mann vor dem Sex brav seine Pille schluckt. Was unter dem Vorwand des Widerstandes gegen gesellschaftliche Manipulation abgelehnt wird, ist in Wahrheit die *Verantwortlichkeit der Frau für die ihrem Körper gegebenen biologischen Möglichkeiten*. Stattdessen soll die Verantwortlichkeit ganz an den Mann delegiert werden, der bitte schön reflektiert und sensibel mit seiner Fähigkeit zur Zeugung umzugehen habe, gegenüber der Frauen immer nur passive Objekte, sozusagen Gegenstände zeugenden Vollzugs seien. Vertretern des Geschlechterbiologismus des 19. Jahrhunderts hätte diese Einstellung gefallen, macht sie doch aus Männern im Widerruf von allem, wofür Frauenrechtlerinnen jahrhundertelang gekämpft haben, grenzenlos potente Selbstzeuger, für deren überbordende Fruchtbarkeit der Frauenleib nur das Medium ist.

Tatsächlich findet Zeugung, wie heute offenbar nicht mehr nur Kindern erklärt werden muss, *zwischen* Frau und Mann statt, die beide aktiv an ihr beteiligt sind. Mit dem Unterschied allerdings, dass es der Körper der Frau ist, der das Kind gebärt, weshalb die Frau von der Entscheidung über Fortpflanzung oder Verhütung unmittelbarer betroffen ist als der Mann und ihm die Pille, falls er sie je bekäme, unbedingt wieder wegnehmen sollte. Imaginiert feministische Verhütungskritik die Frau als willenloses Objekt der vom Mann an ihr vorgenommenen Zeugung, werden Frauen in feministischen Kampagnen für die Legalisierung von Abtreibung als die allein handelnden Subjekte vorgestellt, denen Ärzte und Richter lediglich als Vollzugsgehilfen zur Verfügung stehen sollen. Dass Medizin und Recht im Falle von Schwangerschaftsabbrüchen, die nicht nur die Frau, sondern auch das ungeborene Kind betreffen, Repräsentanten eines *den Willen der Frau überschreitenden Allgemeinen* sind und sein müssen, wird systematisch verdrängt. Uneingestandener Zweck ist wiederum die Delegierung von Verantwortung: Statt das Recht der Frau, selbst über die Vornahme einer Abtreibung zu entscheiden, mit ihrer Fähigkeit zu begründen, zwischen ihrem und dem Recht des Ungeborenen abzuwägen, wird jede Erinnerung an die Notwendigkeit solcher Abwägung als Repression verdammt. Ärzte und Richter kommen dabei entgegen ihrer institutionellen Funktion nur als Verlängerungen des Frauenwillens, nicht als Instanzen gesellschaftlicher Vermittlung in den Blick, mit denen sich die Frau auseinanderzusetzen hat. Tiefpunkt dieser Abweisung eigener Verantwortlichkeit ist es, wenn das Unbehagen, das *alle* Frauen bei Vornahme eines Schwangerschaftsabbruchs empfinden, schnodderig als eingeredetes schlechtes Gewissen rationalisiert wird,[19] als brächte nicht gerade solches Unbehagen, als Reflexion des Sittengesetzes, die moralische Autonomie der Frau zum Ausdruck, die sich für eine Abtreibung entscheidet: So gewiss nicht jeder Schwangerschaftsabbruch für die Frau traumatisch ist, so gewiss stellt er immer eine beunruhigende Erfahrung dar, weil mit dem Ungeborenen etwas im eigenen Leib getilgt wird, das Teil der Frau und doch nicht nur Teil von ihr war. Das Unbehagen ist kein Reflex patriarchalischer Dressur, vielmehr regt sich in ihm, was im Selbstverhältnis der Frau der ideologischen Dressur des Feminismus widersteht.

… wir lieben den Tod

Der Bad Kreuznacher Fall des getöteten Ungeborenen, der Fall des Nigerianers, der am Hamburger Jungfernstieg sein neugeborenes Kind fast enthauptet und die Mutter hingerichtet hat,[20] und viele andere von Migranten begangene Verbrechen der vergangenen Jahre legen nahe, dass die europäischen Staaten im Zuge der maßgeblich durch Deutschland beförderten islamischen Migration künftig drastisch wie nie zuvor mit Exekutoren eines Rechtsverständnisses konfrontiert sein werden, das den Begriff der Person im bürgerlichen Recht und seine Vermittlungsformen nicht nur nicht kennt, sondern offen schmäht und am Leib lebender Menschen bekämpft. Die Forderungen, anlässlich des Bad Kreuznacher Falles das Strafrecht derart zu verändern, dass die Möglichkeit der Differenzierung zwischen »Tötung der Leibesfrucht« und »Tötung eines Kindes«, die das bürgerliche Recht zwecks genauer Fassung des Personenbegriffs entwickelt hat, wieder zurückgenommen wird, laufen darauf hinaus, das Recht der Barbarei anzupassen, die es herausfordert. Die Bestialität von Taten wie in Bad Kreuznach wird nicht besser geahndet, indem zum Zweck der Bestrafung solcher »Tötungen der Leibesfrucht« gleich auch alle werdenden Mütter kriminalisiert werden, deren angemessene Entscheidung für oder gegen eine Abtreibung von der Fähigkeit des Gesetzgebers zur Unterscheidung zwischen »Kind« und »Leibesfrucht« abhängt. Zugleich aber macht sich ein Feminismus, der über Ungeborene wie über unwertes Leben spricht, das erst im Moment der Geburt wie durch einen Zaubertrick zum werten Leben werde, mit einem Rechtsverständnis gemein, in dessen Verachtung der Ungeborenen sich die Verachtung der Geborenen spiegelt.

Zur Ahndung von Straftaten, die Zeugnis einer todesverliebten Kultur ablegen, in der *tatsächlich* Gebärzwang und totale Verfügung der Gemeinschaft über die Ungeborenen konvergieren,[21] Hass auf das ungeborene und das geborene Leben also harmonisch zusammenstimmen, hat das bürgerliche Recht bisher keine hinreichenden Mittel. Die Suche nach solchen ist aber von vornherein zum Scheitern verurteilt, wo das Eintreten für Frauenrechte mit dem Hass auf die Wertlosigkeit des Ungeborenen verwechselt wird, das kein Leben, sondern Klump sei. Islamisch motivierte Gewalttaten wie die in Bad Kreuznach können von einem solchen Feminismus, wenn er sie nicht sowieso nur zum Anlass nimmt, verharmlosend über »Männergewalt« zu schwadronieren, allenfalls als Kollateralschaden eines Gewaltverbrechens an der Frau wahrgenommen werden, statt sie als das zu sehen, was sie sind: Ausdruck einer Haltung, der schlechterdings alles »unislamische« Leben vernichtungswürdig ist – wie die »Zellklumpen«, zu denen Feministinnen die Ungeborenen erklären. Wenn dieser Indifferentismus dann auch noch als Ausweis einer nicht nur feministischen, sondern irgendwie kommunistischen Weltsicht verkauft wird, ist das besonders heuchlerisch. Denn die freie Weltgesellschaft, so wenig sich von ihr positiv sagen lässt, würde sich jedenfalls dadurch auszeichnen, dass in ihr alle ungeborenen zu geborenen Menschen werden könnten, ohne dass irgendjemandem, Kind, Mutter oder sonst wem, dadurch ein Leid geschähe.

Anmerkungen

1 Vgl.: www.welt.de/vermischtes/article186970364/Mann-sticht-in-Klinik-auf-Schwangere-ein-Ungeborenes-stirbt.html.

2 Vgl.: www.abendblatt.de/vermischtes/article216193755/Bad-Kreuznach-Schwangere-angegriffen-Taeter-ist-Vater-des-toten-Kindes.html.

3 Alle Zitate nach: www.main-spitze.de/lokales/rhein-main/nach-messerangriff-gedenkstunden-fur-getotetes-kind_19900934

4 StGB, 16. Abschnitt: Straftaten gegen das werdende Leben. Siehe: Schönke / Schröder: Strafgesetzbuch. Kommentar, München 2006, § 218 a.

5 Eine solche Abwägung widerspricht nicht frauenrechtlichen Forderungen nach einer liberalen Regelung des Schwangerschaftsabbruchs, sondern vermag sie überhaupt erst triftig zu begründen, indem sie die Frau als selbstbewusstes Subjekt dieser Abwägung ernst nimmt. Siehe Ulrike Busch, Vom individuellen und gesellschaftlichen Umgang mit dem Thema Abtreibung, in: Abtreibung. Diskurse und Tendenzen, hg. von Ulrike Busch u.a., Bielefeld 2015, 113 ff.

6 Dieses Denken ist nach 1945 durch Vertreter der sogenannten Praktischen Ethik wie Peter Singer wieder diskutabel geworden. Siehe ähnlich auch Norbert Hoerster, Abtreibung im säkularen Staat. Argumente gegen den § 218, Frankfurt a. M. 1991. In seinem sieben Jahre später publizierten Buch *Sterbehilfe im säkularen Staat* wiederholt Hoerster zur Verteidigung der Euthanasie jene Argumente, die er vorher zur Verteidigung der Abtreibung vorgebracht hat. Zur Kritik an solchen Positionen vgl. Robert Spaemann, Personen. Versuche über den Unterschied zwischen »etwas« und »jemand«, Stuttgart 1996.

7 Eine vergleichbare Begründung für den Personenstatus Ungeborener findet sich in Kants Verteidigung der entsprechenden Bestimmungen des Allgemeinen Preußischen Landrechts in der *Metaphysik der Sitten*, was

Vertretern der katholischen Ethik nicht verborgen geblieben ist. Vgl. Eberhard Schockenhoff, Lebensbeginn und Menschenwürde. Eine Begründung für die lehramtliche Position der katholischen Kirche in: Kriterien biomedizinischer Ethik. Theologische Beiträge zum gesellschaftlichen Diskurs, hg. von Konrad Hilpert, Freiburg i.Br. 2006, 198 ff.

8 Siehe die historisch überholte, in der Diagnose einer Zurückgebliebenheit ärztlichen Handelns gegenüber den Bestimmungen der Rechtsprechung aber sicher immer noch zutreffende Studie von Gerhard Amendt, Die bevormundete Frau oder Die Macht der Frauenärzte, Frankfurt a. M. 1985.

9 Vgl.: www.welt.de/print/die_welt/politik/article185135738/Abtreibung-bis-zum-neunten-Monat.html. Mit medizinischer Indikation sind Spätabtreibungen auch heute schon für die Schwangere straflos.

10 Vgl.: www.youtube.com/watch?v=lk PyhcthShk.

11 Vgl. das informative, die Frage des Schwangerschaftsabbruchs aber für eine vage antikapitalistische Rhetorik instrumentalisierende Buch von Sarah Diehl, Deproduktion. Schwangerschaftsabbruch im internationalen Kontext, Aschaffenburg 2007. Die in den frühen Siebzigern von Alice Schwarzer betriebene Kampagne für die Legalisierung von Abtreibung hat demgegenüber nie behauptet, für mehr als die Entstigmatisierung von Frauen einzutreten, die eine Schwangerschaft abgebrochen haben oder es vorhaben. Anders als heutige Feministinnen führt Schwarzer die Tatsache, dass Frauen, die abgetrieben haben, sich danach meistens schlecht fühlen, nicht einfach nur auf soziale Manipulation zurück. Siehe Alice Schwarzer, Frauen gegen den § 218, Frankfurt a. M. 1971.

12 Exemplarisch hierfür ist Kirsten Achtelik: jungle.world/artikel/2018/38/marsch-fuer-zellklumpen.

13 Vgl. das Beispiel El Salvador, wo Frauen sogar für Fehlgeburten drakonische Gefängnisstrafen drohen: www.nzz.ch/nzzas/nzz-am-sonntag/abtreibungsgesetz-in-el-salvador-hinter-gittern-wegen-einer-fehlgeburt-ld.1413110.

14 So in Beiträgen des hauptsächlich von coolen Freiberuflerinnen bestrittenen Bandes: Hot Topic. Popfeminismus heute, hg. von Sonja Eismann, Mainz 2007.

15 In Nigeria ist es je nach Dominanz christlicher oder islamischer Einflüsse Brauch, entweder durch eine Vergewaltigung schwangere Frauen zur Geburt zu zwingen oder durch Kulturschande entstandene Kinder nach bzw. vor der Geburt zu töten. Das führt dazu, dass Frauen, die nach der Vergewaltigung durch Mitglieder der gewohnheitsmäßig babymordenden Boko Haram schwanger geworden sind, von katholischen Priestern, die ihnen eigentlich helfen sollten, zur Geburt des ungewollten Kindes genötigt werden. Vgl.: charismatismus.wordpress.com/2015/05/31/nigeria-katholische-kirche-gegen-abtreibung-bei-entfuhrten-madchen.

16 Kanonisch hierfür ist Barbara Duden, Von »der« Pille und »unserem« Zustand, in: Die Pille. Von der Lust und von der Liebe, hg. von Gisela Staupe und Lisa Vieth, Berlin 1996, 67 ff. Mit ähnlicher Tendenz auch Anna Bergmann, Die verhütete Sexualität. Die Anfänge der modernen Geburtenkontrolle, Hamburg 1992. Insgesamt fällt auf, dass Feministinnen, die im Übrigen für die Legalisierung von Abtreibung eintreten, bei der Beurteilung moderner Methoden der *Verhütung* plötzlich, wenn nicht in der Begründung, so doch im Urteil, mit dem Papst übereinstimmen.

17 Ein feministisches Ressentiment gegen weibliche Verhütung gibt es z.B. in Frankreich nicht. Siehe Isabelle Azoulay, Die Gewalt des Gebärens. Streitschrift wider den Mythos der glücklichen Geburt, München 1998.

18 Dass Frauen mit der Pille verhüten, ist für die (häufig männlichen) Freunde der »Pille für den Mann« Symptom einer »selbstverschuldeten Fruchtbarkeit«. Vgl.: jungle.world/artikel/2017/19/raus-aus-der-selbstverschuldeten-fruchtbarkeit.

19 Wobei die Rohheit der Abweisung die Gewaltsamkeit der Verdrängung spiegelt, die nötig ist, um auch gleich noch die Erinnerung an den Vorgang abzutöten. Vgl. z.B. Paula Irmschler: »(D)er Mythos der um die nicht ausgetragene Schwangerschaft trauernden Frau ist nicht totzukrie-

gen.« Zitiert nach: www.neues-deutschland.de/artikel/1111845.abgebuegelt-mythos-gebaermaschine.html.

20 Vgl.: www.welt.de/regionales/hamburg/article183400270/Doppelmord-am-Jungfernstieg-Zeuge-schildert-schreckliche-Details.html.

21 Zu solchen drastischen Differenzen im Grad der »Frauenfeindlichkeit« unterschiedlicher Gesellschaften siehe Marielouise Janssen-Jurreit, Sexismus. Über die Abtreibung der Frauenfrage, München, Wien 1978.

Der Schwarze Mann und der Mob

Die Humanität lebt im Polizeibericht.
Max Horkheimer

Am 25. September 2017 begann vor der großen Strafkammer des Landgerichts Bonn der Prozess gegen Eric Kwame X. wegen Vergewaltigung in einem besonders schweren Fall und schwerer räuberischer Erpressung. Dem 31-jährigen abgelehnten Asylbewerber aus Ghana wurde vorgeworfen, in der Nacht zum 2. April 2017 in der Bonner Siegaue eine 23-jährige Medizinstudentin aus Freiburg und deren drei Jahre älteren Freund, die dort in einem Zelt unter einer Brücke campierten, beraubt und die junge Frau vergewaltigt zu haben. Der Anklageschrift der Staatsanwaltschaft zufolge soll Eric X. das Zelt des Pärchens mit einer zuvor gestohlenen Astsäge aufgeschlitzt, das Paar bedroht und Bargeld verlangt haben. Nachdem beide ihm sechs Euro und einen Bluetooth-Lautsprecher ausgehändigt hatten, habe er die Frau mit den Worten »Come out, bitch, I want to fuck you« aus dem Zelt auf eine Decke gezwungen, die er vorher ausgebreitet hatte. Der im Zelt verbliebene Mann wurde Zeuge, wie Eric X. seine Freundin, die Säge als Waffe griffbereit haltend, vergewaltigte. Als es dem Mann gelang, auf seinem Handy den Notruf zu wählen, und er der diensthabenden Beamtin die Situation mit den Worten »Meine Freundin wird gerade vergewaltigt, von einem Schwarzen« schilderte, hielt die Polizistin seinen Anruf für einen Aprilscherz und antwortete: »Sie wollen mich nicht verarschen, oder?«[1] Obwohl, wie das

Protokoll des Notrufs beweist, während des Telefonats das Wimmern der Frau und die Stimme des Täters zu hören waren, und der Mann versicherte, er fürchte um das Leben seiner Freundin und habe Todesängste, glaubte die Beamtin ihm erst, nachdem er seine Aussage erneut bekräftigt hatte, kündigte vage an, es werde Hilfe geschickt, und verabschiedete sich mit den Worten: »Danke, tschö.«[2] Nachdem Eric X. von seinem Opfer abgelassen hatte und geflohen war, rief das Paar erneut die Polizei, wurde mit der Bitte beschieden, sich an eine andere Dienststelle zu wenden, und fand erst Beistand, als beide auf einen Streifenpolizisten trafen.

Ein Sprecher der Bonner Polizei räumte später ein, dass auf die Notrufe »sprachlich unangemessen« und »nicht sachgerecht« reagiert worden sei, war jedoch sicher, dass auch »eine andere Bearbeitung des Notrufs« die Tat nicht hätte verhindern können.[3] Fünf Tage nach dem Verbrechen konnte Eric X. aufgrund eines Phantombildes festgenommen werden, ein DNA-Abgleich erhärtete den Verdacht gegen ihn. Vom ersten Verhandlungstag an stellte der Angeklagte durch sein Auftreten unter Beweis, dass er mit den Prozeduren der Justiz nicht etwa nur unvertraut ist, sondern für sie nichts als Hohn übrig hat und im Denken und Handeln einem Auserwähltheitsgefühl folgt, das ihn sich über die bürgerliche Gesellschaft und ihre Regeln erhaben wähnen lässt. Durchaus atypisch für Prozesse wegen Vergewaltigung, ließ das Gericht zu, dass Eric X., noch bevor überhaupt die ihm zur Last gelegte Tat zur Sprache kommen konnte, den gesamten ersten Verhandlungstag über zum Besten gab, was er für seine heroische Biographie hält. Er stamme aus »dem Herzen Afrikas«, in seinem Heimatort sei sein Vater »wie ein König« gewesen: »Er hatte sehr viel Geld und war sehr bekannt. In Ghana kann ein König so viele Frauen haben, wie er will, wenn er auf sie aufpassen kann.«[4] Der Gerichtsreporter der *Welt*, der diese Auskunft als Indiz dafür wertete, dem Angeklagten sei »wichtig, zu zeigen, dass er aus gutem Hause stammt«, verwendete fast die Hälfte seines Berichts nicht etwa auf den Tathergang, sondern auf die Lebensbeichte des mutmaßlichen Täters: »Seine Mutter war die zweite Ehefrau, er der einzige männliche Nachkomme inmitten von neun Halbschwestern. Er absolviert die Schule, will studieren. 2014 gibt es Streit mit einem saufenden Schwager, als es um den Besitz des verstorbenen Vaters geht. Bei einem Aufeinandertreffen kommt es zum Handgemenge, Eric X. verletzt ihn tödlich mit einer Hacke und flieht. Aus Angst vor Rache geht er nach Libyen, gerät an einen Schleuser, der ihn in einem Boot nach Italien bringt. [...] Eric X. besorgt sich im Februar 2017 in Rom ein Zugticket nach München. In Österreich kontrollieren ihn Polizisten, sehen, dass seine Aufenthaltsgenehmigung auf Italien beschränkt ist. Sie bringen ihn ins Gefängnis, nehmen Fingerabdrücke. Da keine Vorstrafen vermerkt sind, wird er freigelassen und soll innerhalb von 14 Tagen Österreich verlassen. Eric X. wagt eine zweite Zugfahrt. Auf dem Weg nach Koblenz steigt er in Frankfurt am Main aus und wird von Polizisten aufgegriffen. Sie nehmen Fingerabdrücke, schicken ihn mit dem Bus in eine Unterkunft nach Gießen. Von dort gelangt er nach Dortmund und wird Anfang März einer Flüchtlingsunterkunft in St. Augustin bei Bonn zugeteilt.«

Misslungene Christianisierung

Später bezeichnete Eric X. das ihm zur Last gelegte Verbrechen als »Fall, über den ich nichts weiß«, und antwortete auf die vom Vorsitzenden vorgetragene Sachlage, wonach seine durch elektronische Registrierung nachweisbare Abwesenheit aus der Flüchtlingsunterkunft während der Tatzeit die Vorwürfe gegen ihn bekräftige, mit dem Satz: »Ich habe keine Zeit, diese Märchen zu hören.« Auf den Hinweis, seine DNA stimme mit den Spuren am Opfer überein, entgegnete er: »Wenn das Mädchen behauptet, sie sei vergewaltigt worden, muss ich sie eine Prostituierte nennen«, und bezeichnete »alle, die ihr bei der Lüge helfen«, als »dreckige Menschen«. Spätestens zu diesem Zeitpunkt hätte jedem klar sein müssen, dass der Angeklagte den infantilen Größenwahn, der sich in seinen Aussagen Bahn brach, nicht als Trübung der eigenen Wahrnehmung zu reflektieren, sondern als alleingültiges Prinzip der Wirklichkeit auch der Gerichtsbarkeit zu diktieren beabsichtigte, und dass die ihm zur Last gelegte Tat in seinen Augen kein Verbrechen, sondern Vollstreckung eines gerechten Urteils über eine »Nutte« war, weil alle Frauen, die überhaupt vergewaltigt werden *können*, »Prostituierte« sein müssen. Die Frage der Beweisbarkeit seiner Schuld, eigentlicher Gegenstand des Prozesses, blieb für Eric X. die Verhandlung hindurch indiskutabel, da schließlich die Vergewaltigte schuldig und die Frage nach der Identität des Vollstreckers ihrer Strafe irrelevant sei. Hätte man das Lamento des Angeklagten nicht als Zeugnis eines Gehetzten wahrgenommen, der – daheim umgeben von lauter Frauen, in Lebensgefahr durch seine rachsüchtigen Verwandten, Opfer böser Schleuser und gejagt von Grenzpolizisten – erst in Bonn kurzzeitig Ruhe fand, man hätte seine Lebensgeschichte als Indizienbeweis dafür entziffern können, dass seine Tat nicht allein ein Sexualverbrechen, sondern Exekution einer barbarischen Kollektivmoral war, die bereits ähnlichen Taten der vergangenen Jahre zugrunde lag.

Tatsächlich bestand das Neue des Bonner Prozesses darin, dass sich in ihm erstmals lang und breit diese Moral aussprechen konnte, als deren bloße Vollstrecker sich die Täter verstehen. Während der so ermüdende wie wirre Lebensbericht des Angeklagten in den Medien als dessen misslungener Versuch rezipiert wurde, durch Darstellung der eigenen Leidensgeschichte das Verbrechen verständlicher zu machen und es solcherart zu *individualisieren*, bezeugten seine Monologe in Wahrheit, dass hier jemand sprach, der sich bar jeder auch nur rudimentären Individualität als *Inkarnation* eines unantastbaren Tugendprinzips halluziniert. Doch die auf praktische Zerstörung des bürgerlichen Rechts zielende Dimension nicht nur der Äußerungen, sondern auch des mutmaßlichen Verbrechens von Eric X. wurde auch nach seinem verbalen Ausbruch nicht zum Thema. Auch das seinen Aussagen zu entnehmende Eingeständnis, dass er bereits einen Verwandten getötet hatte, und die Tatsache, dass sein Reiseweg als prototypisch für das systematische Versagen jeder Migrationskontrolle gelten kann, die für viele ähnliche Verbrechen mitverantwortlich ist, gerieten nicht in den Blick. Vielmehr unterbrach das Gericht, um den Angeklagten »vor sich selbst zu schützen«, nach dessen Wutausbruch seine Aussage und unterband deren Übersetzung durch einen Dolmetscher. Die Rechtsanwältin, die das Opfer in dem Prozess als Nebenklägerin vertrat, kommentierte das Verhalten von Eric X. im Gestus des allmenschlichen Antisexismus: »Es ist immer ein Schlag ins Gesicht, wenn jemand, der so etwas erlebt hat, zudem verhöhnt wird.«[5]

Dass sich die Möglichkeit, *so etwas* zu erleben, nicht nur Bonnern und Freiburgern erst seit einiger Zeit bietet, das auszusprechen blieb den Kommentarspaltenschreibern überlassen, die umgehend forderten, Eric X. möge am besten »in Ghana« verurteilt, ergo: dem Lynchmob ausgeliefert werden, in dem es kollektiv so denkt wie in Eric X.[6] Laufen solche Rachephantasien darauf hinaus, das bürgerliche Recht präventiv dem atavistischen Bestrafungswahn derer anzugleichen, deren empfindsam vorgetragenes Dominanzgebaren gerade zu bekämpfen wäre, steht die Judikative ihrerseits zunehmend hilflos Vertretern von »Kulturen« gegenüber, die ihr Herrenmenschentum nicht nur behaupten, sondern als selbstverständliche Tatsache leben. Gerade der Bonner Fall hätte als Hinweis darauf verstanden werden können, dass solches Gebaren nicht einfach eine Frage der »Religion« ist. Eric X., dessen Erniedrigung westlicher Frauen zu »Prostituierten«, verbunden mit dem Selbstverständnis als Exekutor eines omnipotenten Herrenmenschentums, dem refraktären Chauvinismus moslemischer Jungmänner aufs Haar gleicht, bezeichnet sich selbst als »Christ« und hat mehrfach ein Kloster in Sieburg zum Beten besucht; als Christ verfolgt worden ist er, anders als viele Flüchtlinge etwa aus Irak oder Syrien, jedoch nicht.[7] Diese Tatsache, die in der Berichterstattung über den Prozess bemerkenswert wenig Interesse fand, spricht nicht für die kulturrelativistische These, dass halt auch Christen misogyn und chauvinistisch seien, sondern ist Indiz für das Gegenteil, dafür, dass die Verbindung von Frauenhass und Tugendwahn, wie sie aus Eric X. spricht, sich besonders monströs dort ausprägt, wo das Christentum sich niemals institutionalisieren konnte.

In Ghana, für homosexuelle Männer neben den islamischen Staaten eines der gefährlichsten Länder der Welt,[8] leben offiziellen Angaben zufolge heute etwa 60 Prozent Christen, 20 bis 30 Prozent Moslems und 10 bis 20 Prozent Anhänger sogenannter traditioneller Religionen. Trotzdem ist das Christentum in Ghana kaum je in einen Konflikt mit anderen religiösen Strömungen geraten, weil es seinen Universalitätsanspruch nie gegen die Herrschaftsform der Sippen und Clans durchzusetzen suchte und selbst sektenhaft zersplittert ist. Seit den Anfängen der christlichen Missionierung im späten 15. Jahrhundert koexistieren in Ghana methodistische, presbyterianische, baptistische, mennonitische, neuapostolische und diverse naturreligiöse Schwundformen des Christentums, dessen Vertreter, weil eine durchgreifende Christianisierung der Bevölkerung misslang, ihren Autoritätsanspruch nur wahren konnten, solange sie als christlich camouflierte Schamanen oder Stammeshäuptlinge agierten.[9] Wo nie ein Klerus, sondern nur infantil-narzisstisch disponierte »Könige« das Sagen hatten, wurde das Christentum nie zur Institution – was nicht zuletzt eine Einhegung des Herrschaftsanspruchs seiner Exponenten bedeutet hätte –, sondern blieb Mittel zur spirituellen Befriedigung und Hörighaltung der Untertanen, die sich noch heute, wie die Propaganda gegen Schwule zeigt, aus jedem noch so irrwitzigen Anlass sofort zur mordbereiten Hetzmasse formieren lassen. Das Kloster, das Eric X. in Sieburg zum Gebet besuchte, war seinem eigenen Erfahrungshintergrund nicht näher als der Beichtstuhl einem Salafistenprediger. Der in Bonn verhandelte Fall belegt somit nachdrücklich, dass das Christentum, weit davon entfernt, einfach nur eine »Kultur« zu sein, seinen fortschrittlichen Gehalt gerade darin hat, »Kulturen« im Namen des unteilbaren Universalismus, der dem christlichen Dogma innewohnt, zurückzudrängen und einzuhegen. Die Neigung zu Paranoia, Größenwahn und abergläubischer Misogynie bricht im Gegenteil in teilchristianisierten »Kulturen« besonders rabiat durch, weil es dort nicht gelang, die gern verniedlichend Spiritualität genannte Melange aus unmittelbarer Herrschaft, Polytheismus und archaischem Kult der Einheit der christlichen Kirche zu unterwerfen.

Nuttenquäler und Kinderschänder

Das bürgerliche Recht ist darin säkularisierter Nachfolger des Kirchenrechts, dass es bei der Bestimmung von Schuld und Schuldfähigkeit des Einzelnen von universalen Prinzipien ausgeht, die auch für denjenigen uneingeschränkt gelten, der tatsächlich oder in der eigenen Halluzination »aus gutem Hause stammt«. Während die mediale Öffentlichkeit nicht nur im Bonner Fall, sondern auch bei dem Prozess gegen Hussein K., der angeklagt ist, am 16. Oktober 2016 in Freiburg die Medizinstudentin Maria

L. vergewaltigt und ermordet zu haben, ein im Vergleich mit anderen Vergewaltigungsprozessen großes Interesse an der Lebensgeschichte des Täters an den Tag legte, hat das Bonner Gericht über die Tat von Eric X. strikt nach Sexualstrafrecht geurteilt. Der psychiatrische Gutachter bescheinigte dem Angeklagten volle Schuldfähigkeit und wegen dessen aggressiver Realitätsleugnung hohe Gefährlichkeit. Bemerkenswert blieb die Stellungnahme des Gutachters wegen der Formulierung, er finde die Fähigkeit des Angeklagten »erstaunlich«, alle gegen ihn vorgebrachten Beweise als »Fake News« abzuqualifizieren.[10] Damit suggerierte er eine Ähnlichkeit zwischen dem Habitus des Angeklagten und Rechtspopulisten, deren Lieblingsfeind bekanntlich die »Fake News« sind. Tatsächlich sind Informationen etwas anderes als in einem Strafverfahren vorgelegte Beweisstücke, und die Objektivität von Nachrichten anzuzweifeln, bedeutet noch lange nicht, die unabweisbare Wirklichkeit zu leugnen. Der windschiefe Vergleich zeugte noch in der Strenge des Gutachtens vom Bedürfnis, die Taten und Äußerungen von Eric X. nach dem Muster konventioneller Sexualverbrechensprozesse individualisierbar zu machen und den auf uneingeschränkte Welt- und Menschenbemächtigung zielenden Herrschaftsanspruch, der sich in ihnen ausdrückte, zu verniedlichen. Ähnlich fragte die Richterin im Prozess gegen Hussein K. immer wieder beim Angeklagten nach: »Was ist Sex für Sie?«, »Was ist für Sie eine Vergewaltigung?« und »Was denken Sie über Frauen?«, als ständen seine Gedanken statt seine Handlungen zur Debatte, und als sollte das Definitionsmachtprinzip plötzlich statt beim Opfer beim Täter Anwendung finden. Der Gerichtsreporter der *FAZ* kam nach dieser Mitteilung wiederum auf Hussein K.s Biographie zu sprechen: »Er ist gar nicht aus Afghanistan geflohen, sondern lebte vor seiner Flucht lange Zeit in Iran. Seine Fluchtgründe sind wirtschaftliche, die Hoffnung auf ein besseres Leben, vielleicht auch auf westliche Frauen. [...] Zumindest eine vage Zeugenaussage eines Mithäftlings gibt es, die nahelegt, dass Husseins Jugend verkorkst gewesen sein muss. Als er 14 Jahre alt war, soll er ein zwölf Jahre altes Mädchen aus der Nachbarschaft vergewaltigt haben.« (10.10.2017) Ob dadurch nicht vor allem die Jugend der Zwölfjährigen verkorkst worden ist, kam dem teilnehmenden Beobachter nicht in den Sinn.

Die Justiz folgt in den überregionales Aufsehen erregenden Prozessen wegen mutmaßlich vor allem von moslemischen Flüchtlingen begangener Sexualverbrechen solcher Exkulpationslogik bisher nicht – wohl schon deshalb nicht, weil man den autochthonen Anhängern von Blutrache und Selbstjustiz die Härte des Rechtsstaats unter Beweis stellen möchte. Am 19. Oktober verurteilte das Gericht Eric X., der noch in seinem Schlusswort die Tat abstritt und keinerlei Empathie für das Opfer zeigte, zu elfeinhalb Jahren Haft und blieb damit eineinhalb Jahre unter der von der Staatsanwaltschaft geforderten Höchststrafe. Weder im Prozess noch in der Berichterstattung wurde indes angesprochen, dass die zur Verhandlung stehende Tat von einem Ehrverständnis angetrieben war, für das der Titel Selbstjustiz noch zu harmlos wäre. Tätern wie Eric X. oder Hussein K. wird der Vergleich mit dem Typus des Triebtäters schon deshalb nicht gerecht, weil sie als Stellvertreter eines Tugendprinzips agieren, das sich der bürgerlichen Rechtsordnung enthoben wähnt, während der Triebtäter immer alleine ist und ganz genau weiß, dass er der Gesellschaft wegen der Unfassbarkeit seiner Taten preisgegeben gegenübersteht. Damit ist er prädestiniert als Opfer des Volksmobs, der sich an ihm als Parasiten der Lust für alles schadlos halten darf, was der Einzelne sich versagen muss. In diesem Sinn antizipiert das kollektive Erschauern vor dem Schwarzen Mann, vor dem die Kinder gewarnt werden, virtuell das antisemitische Pogrom. Nie wieder ist dieser Zusammenhang so prägnant veranschaulicht worden wie kurz vor der Machtübertragung an die Nationalsozialisten in Fritz Langs Film *M – Eine Stadt sucht einen Mörder*. Das Ad-hoc-Gericht der Gaunerbanden, dem Peter Lorre in der Rolle des Kindermörders Hans Beckert dort am Ende gegenübersteht, ist das Komplement zum Prozess gegen den sich als Überrichter aufspielenden Eric X. in Bonn.

Selbstermächtigung statt Selbsterklärung

Das Gangsterracket, das Beckert in Eigeninitiative aufgespürt und vor ein Spontangericht gezerrt hat, will nicht nur verhindern, dass die wegen der Mordserie allgegenwärtige Polizei weiter die eigenen Umtriebe stört, sondern sieht sich als zwar illegaler, aber legitimer Vertreter der Volksmoral, die im Saal in Gestalt diverser aufgehetzter Mütter der Unterschicht präsent ist. Der von Gustaf Gründgens gespielte Anführer der Ganoven, der schon gekleidet ist wie ein paar Jahre später die SS-Offiziere, nennt Beckert einen »Schädling«, als »Anwalt« wird ihm ein kümmerlicher Säufer an die Seite gestellt, der sich selbst so wenig Achtung entgegenbringt wie die »Jury« ihm. Im Schlussmonolog, bevor die Polizei, mit der das Gangsterracket bei der Jagd auf den Triebtäter konkurrierte, Beckert doch noch vor dem Lynchmord retten kann, fordert er unter höhnischem Gelächter des lumpenproletarischen Mobs, vor ein »ordentliches Gericht« gestellt zu werden. Seine Selbstverteidigung gehört dank Lorres Spiel bis heute zu den erschütterndsten Szenen der Filmgeschichte: »Immer muss ich durch Straßen gehen und immer spür ich, es ist einer hinter mir her. Das bin ich selber. Kann mir nicht entkommen. Ich will davon, vor mir selber davonlaufen. Aber ich kann nicht. Ich kann nicht entkommen. Will nicht, muss. Will nicht, muss! Und mit mir rennen die Gespenster von Kindern und Müttern. Die sind immer da. Immer. Nur nicht, wenn ich's tue … Dann steh' ich vor einem Plakat und lese und lese. Das habe ich getan? Aber ich weiß doch von gar nichts…«.[11] Diesen Monolog, der heute vor einem bürgerlichen Gericht als Zeichen für die Fähigkeit des Täters zur Selbstreflexion und Einsicht in das Unrecht seiner Taten strafmildernd wirken könnte, nimmt das Mobgericht als zusätzlichen Beweis dafür, dass er »eliminiert« werden muss. Das »M«, das ein blinder Helfershelfer der Bande Beckert mit Kreide auf den Rücken gezeichnet hatte, damit er für alle erkennbar bliebe, erscheint als präzise Vorwegnahme des Judensterns im Nationalsozialismus. Das Ressentiment, das anstelle eines legitimen Bestrafungsbedürfnisses die Hetzmasse gegen den Kinderschänder zusammenhält, enthält *in nuce* bereits den antisemitischen Vernichtungswunsch.

Während sich der Vernichtungswunsch gegen den Triebtäter auch heute nicht nur nach jedem Sexualverbrechen an Kindern, sondern projektiv verschoben immer wieder anlässlich mutmaßlicher sexueller Übergriffe Prominenter wie im Fall von Harvey Weinstein Luft machen darf, ohne dass es seitens der Öffentlichkeit dagegen irgendwelchen Einspruch gibt,[12] wird anlässlich von Sexualverbrechen wie denen in Bonn oder Freiburg unisono vor Vorverurteilung, Verallgemeinerung und Rassismus gewarnt. Grund dafür ist keineswegs, dass die mutmaßlichen Täter dem Mob hilfloser ausgeliefert wären als ein Hans Beckert, sondern dass diese Fälle von den Warnern vor gruppenbezogener Menschenfeindlichkeit mit demagogischem Gespür als das erkannt werden, was sie sind: keine Verbrechen isolierter und damit trotz der Grausamkeit ihrer Taten aus einer Position der Schwäche heraus agierender Triebtäter,[13] sondern souveräne Machtdemonstrationen eines *anderen* Volksmobs, mit dem sich gutzustellen empfehlenswert erscheint, weil ihm offenbar ohnehin die Zukunft gehört. Deshalb wurde der Lebensbericht, den Eric X. vor Gericht ablieferte, trotz Empörung über sein empfindungsloses Auftreten rezipiert, als handele es sich um eine *Selbsterklärung* wie die Beckerts in »M«, während sie in Wahrheit das Gegenteil war: eine *Selbstermächtigung*, durch die der Angeklagte sich die Legitimation dafür gab, das »ordentliche Gericht«, vor dem er anders als Beckert stehen durfte, mit dem Dünkel des Unantastbaren zu schmähen, als handele es sich um eine Versammlung von Gaunern. Während der Kindermörder in »M« nicht einmal als Möglichkeit erwägt, seine Taten zu leugnen, sondern seine Selbsterklärung auf die Tatsache seiner Täterschaft aufbaut, leugnete Eric X. seine Verantwortung nicht nur weiter, nachdem sie zweifelsfrei bewiesen war, sondern gab dem Opfer die alleinige Schuld an der Tat. Die Einsicht in das eigene Getriebensein, in die eigene psychische Störung, wird in »M« – das macht die unübertroffene Humanität des Films aus – ohne jede Exkulpation des Mörders als Folge dessen erkennbar, *dass auch er einmal Individuum war* und daher von der nur im Individuum gegenwärtigen Möglichkeit des Glücks weiß, das er mit seinen Taten schändete. Nur weil er, wie gebrochen auch immer, Kinderglück und Mutterliebe kennt, können die »Gespenster von Kindern und Müttern« ihn verfolgen. Nur weil seine Taten misslungener Individuation entsprungen sind, vermag er gegenüber seinen prospektiven Henkern ohnmächtig einzufordern, vor ein »ordentliches Gericht« zu kommen, mithin als Individuum statt als Vogelfreier bestraft zu werden.

Eric X. dagegen hat bis zuletzt deutlich gemacht, dass er sich als Personalunion der im bürgerlichen Recht geteilten Gewalten halluziniert, und dass für ihn allein das Opfer, die »Prostituierte«, weil sie Qual empfinden konnte, die Vogelfreie ist. Während das bürgerliche Recht in »M« angesichts seiner Kassierung im Namen volksstaatlichen Herrenrechts als das eingeklagt wird, als das es allein lebendig ist – als Recht des Schwächeren –, verkörperte Eric X. noch angesichts der Durchsetzung solchen Rechts das Recht des Stärkeren, dessen Exekutoren auch in Freiburg und andernorts vor Gericht stehen.

Die Barbarei als Kurzmeldung

Schon »M« ließ keinen Zweifel darüber, dass auf die staatliche Exekutive angesichts der Selbstermächtigung des unmittelbaren Volkswillens nur bedingt vertraut werden kann. Weil sie den Gangsterbanden nicht komplett die Straße überlassen will, entreißt die Polizei ihnen zwar im letzten Augenblick den Vogelfreien, doch zuvor hat der Film mehr als deutlich gemacht, dass die Ganoven mit den Staatsdienern von jeher per Du sind, beide Seiten sich die Beute des alltäglichen Verbrechens teilen, und dass sich in solcher Allianz die aufdämmernde direkte Demokratie anmeldet. Die warmherzige Mutter, die Langs Ehefrau und Drehbuchautorin Thea von Harbou – eine fanatische Nationalsozialistin, von der er sich an der Schwelle der Emigration scheiden ließ –, in der letzten Szene mit dem Satz »Man muss halt besser uffpassen uff de Kleenen« das Schlusswort sprechen ließ, klang schon genauso wie die Konsensbeamten, die heute angesichts massenhafter Einzelfälle Frauen ermahnen, nur gemeinsam zu joggen oder sich beim abendlichen Clubbesuch von Männern begleiten zu lassen. Wo sich die Vertreter der Exekutive jedoch, wenn die furchterregendsten Sexualstraftaten statt von Schwarzen Männern tatsächlich von schwarzen Männern begangen werden, »verarscht« fühlen und eine Routine an den Tag legen, die ihnen im Fall eines Weinstein oder Roman Polanski die Karriere kosten würde, wird die Berichterstattung über die tägliche Landnahme narzisstischer Könige den Regionalnachrichten überantwortet. Seit jeher zuständig für die Provinziellen und Halbverblödeten, dienen *Bonner Generalanzeiger*, *Flensburger Tageblatt* oder *Badische Zeitung* als Sammelbecken für die besser oder schlechter begründete kollektive Furcht und machen die besorgten Bürger schon allein dadurch, dass sie sie überhaupt noch zu Wort kommen lassen, zu hinterwäldlerischen Popanzen, mit denen kein aufgeklärter Zeitgenosse etwas zu tun haben will.

Unter der Überschrift »Soziologie« hat Max Horkheimer 1958 die luzide Beobachtung festgehalten, dass »das Bewusstsein der Menschheit, wie unbewusst es auch sei«, sich »in den *faits divers*« manifestiere, »darin, daß ein Unfall, Unglück, Todesfall, notiert und mitgeteilt wird«: »Das ist heute schon alles rationalisiert, es dient zur Verhütung neuer Unfälle, rascher Orientierung und dergleichen. Objektiv heißt es aber noch immer, daß der Verunglückte zur menschlichen Gesellschaft gehörte, daß sie Kenntnis nimmt von dem, was ihm zustieß. Jenes ›man‹, das die unmenschlichen Philosophen so verlästern, das sie als Subjekt von Geschwätz denunzieren, stellt vielmehr die arme, kümmerliche Weise dar, in der die Menschheit auf sich selbst reflektiert.«[14] Wenn Horkheimer im Anschluss daran davon spricht, dass die »Humanität« im »Polizeibericht« lebe, macht er in der sachlichen Nivellierung, die Verkehrstote neben Sachbeschädigungen und Einbrüchen listet, eine letzte Spur der Idee der einen Menschheit aus. Heute wandern, während die Unfälle und Alltagsunglücke aus der Rubrik »Vermischtes« fast verschwunden sind, die Opfer auf dem Weg der Selbstaufgabe des Westens in die Kurzmeldungen und *faits divers*. Die an solch Unfassbarem irre gewordenen Freizeitarchivare, die auf Facebook jeden sexuellen Übergriff posten, noch bevor dessen Urheber ausgemacht werden konnte, reagieren darauf genauso hilflos wie die schulterzuckenden Demokraten, die sich jede unreglementierte Wahrnehmung der Wirklichkeit abgewöhnt haben. Übrig bleibt nur der unbeirrte Protest gegen einen Alltag, der die von Horkheimer erspürte Humanität nicht mehr nur den Unfalltoten, sondern auch den Opfern des täglichen Tugendterrors aberkennt.

Anmerkungen

1 Vgl.: www.spiegel.de/panorama/justiz/bonn-siegaue-angeklagter-verhoehnt-opfer-in-ve rgewaltigungsprozess-a-1169837.html.

2 Eine Strafanzeige gegen die Beamtin blieb erfolglos: www.general-anzeiger-bonn.de/bonn/stadt-bonn/Siegauen-Vergewaltigung-Strafanzeige-gegen-Polizistin-article3565813.html.

3 Vgl.: www.spiegel.de/panorama/justiz/vergewaltigung-bei-bonn-polizei-hielt-notruf-erst-fuer-scherz-a-1149534.html.

4 Dieses und die folgenden Zitate aus: www.welt.de/vermischtes/article169027083/Dann-muss-ich-das-Maedchen-eine-Prostituierte-nennen.html.

5 Vgl.: www.general-anzeiger-bonn.de/bonn/stadt-bonn/Muma%C3%9Flicher-Siegauen-Vergewaltiger-diffamiert-Opfer-article3659631.html.

6 Siehe beispielhaft die Focus-Leserschaft: www.focus.de/regional/bonn/bonn-siegauen-prozess-opfer-sagt-ohne-publikum-aus_id_7706245.html.

7 Vgl.: www.welt.de/vermischtes/article169027083/Dann-muss-ich-das-Maedchen-ein e-Prostituierte-nennen.html.

8 Homosexuelle Beziehungen zwischen Männern sind in Ghana illegal und werden mit Gefängnisstrafen, nicht selten durch spontane öffentliche Hinrichtungen bestraft. Vor allem moslemische Geistliche verbreiten homophobe Verschwörungsphantasien. Jüngst verkündete der Prediger Mallam Abbas Mahmud: »Allah wird wütend, wenn Männer Geschlechtsverkehr miteinander haben, und solch widerliches Verhalten verursacht Erdbeben.« Vgl.: www.focus.de/politik/ausland/ghana-muslimischer-geistlicher-mit-irrer-these-schwule-verursachen-erdbeben_id_5573451.html. In vielen Regionen Ghanas gehen Bürgermilizen gegen Schwule vor, schon ein als unangemessen wahrgenommener Körperkontakt kann

tödliche Folgen haben. Vgl. den Bericht des U.S. Department of State: www.state.gov/documents/organization/186412.pdf.

9 The Encyclopedia of Christianity, hg. von Erwin Fahlbusch u.a., Bd. 2, Cambridge 2001, 409 ff.

10 Vgl.: www.express.de/bonn/sex-tat-in-der-siegaue-gutachter--eric-x--ist-schuldfaehig-und-hochgefaehrlich-28600322.

11 Vgl. die Materialiensammlung: Fritz Lang: M – Eine Stadt sucht einen Mörder. Texte und Kontexte, hg. von Christoph Bareither und Urs Büttner, Würzburg 2011.

12 Seit der Anklagewelle diverser Frauen gegen Harvey Weinstein, er habe sie sexuell belästigt oder vergewaltigt, ist die typisierende Pluralisierung seines Nachnamens in Mode gekommen, etwa in der Rede davon, wie viele »Weinsteins« es gebe. Zumindest teilweise hat diese Verallgemeinerung einen judenfeindlichen Unterton. So rief die Komikerin Samantha Bee während einer Veranstaltung potentiellen sexuellen Belästigern entgegen: »Hört zu, Ihr Widerlinge von Hollywood: Wir kommen, um Euch Weinsteins zu holen.« Vgl.: www.neues-deutschland.de/artikel/1066647.harvey-weinstein-wir-kommen-um-euch-weinsteins-zu-holen.html. Weinstein stammt aus einer jüdischen Familie, sein Vater war Diamantenschleifer. 2015 erhielt er einen Preis des Simon-Wiesenthal-Centers wegen langjähriger Unterstützung von dessen Tätigkeit. Seit dem Skandal gibt es Forderungen, das Wiesenthal-Center möge ihm die Auszeichnung aberkennen, was die Verantwortlichen bisher verweigert haben. Vgl.: www.wiesenthal.com/site/apps/nlnet/content.aspx?c=lsKWLbPJLnF&b=8776547&ct =15005827.

13 Vgl. exemplarisch die Hetzjagd gegen zwei entlassene Sexualstraftäter, die 2011 in dem kleinen Ort Insel bei Stendal untergebracht und von der Bevölkerung, gedeckt durch Lokalpolitiker und die Medien, mit dem Tode bedroht wurden: bonjourtristesse.wordpress.com/2012/02/18/die-unmoglichkeit-einer-insel.

14 Max Horkheimer, Gesammelte Schriften, Bd. 6, Frankfurt a. M. 1991, 272.

Der Hass auf die Gleichen

Niemand ist gefährlicher als die Stillen im Lande. Wer seine Mitmenschen weder pöbelnd noch kumpelnd belästigt, seine Meinungen begründet und Andersdenkenden zuhört, ohne sie zu unterbrechen, sich dabei auch noch seriös kleidet und sogar auf Facebook die deutsche Rechtschreibung respektiert, der kann in Wirklichkeit nur ein besonders schlimmer Finger sein. Die *Taz* hat in einer am 2.8.2016 erschienenen Reportage eine solche prospektive Staatsfeindin ausfindig gemacht: »Jana Schneider trägt Lederarmbänder, eine Fliege um den Hals und Tunnel in den Ohren. Sie ist lesbisch. [...] Doch sie ist weder linksalternativ noch grün. Jana Schneider, 22 Jahre alt, ist Landesvorsitzende der Jungen Alternative in Thüringen, der Jugendorganisation der AfD. Auf dem Parteikongress in Bingen, Rheinland-Pfalz, steht sie unbeholfen vor den Kameras der Journalisten. Sie lächelt schüchtern, ihr Gesicht hat etwas Kindliches. Mit ihren Locken und der braven Brille könnte sie als Mitschülerin von Harry Potter durchgehen. Nach außen gibt sie sich ruhig, sachlich. Provokativ wird sie vor allem online.«

Obgleich sich Jasmin Sarwoko, von der das Porträt der rechtsextremen Bodysnatcherin stammt, bereits hinlänglich durch die Tatsache provoziert zu fühlen scheint, dass es Menschen gibt, die lesbisch und trotzdem nicht linksalternativ sind, führt sie auch O-Töne an, um zu beweisen, dass Schneider das Grundgesetz respektive die Scharia mit Füßen tritt. »Am 14. November 2015, einen

Tag nach den Terroranschlägen in Paris mit 130 Toten« – zu einem Zeitpunkt also, als derlei Provokationen am wenigsten angebracht waren –, »hatte Schneider gefordert: ›Moscheen schließen. Ausländische Muslime ausweisen. Konten einfrieren. Internetseiten lahmlegen. Systematische Hausdurchsuchungen. Grenzen dicht. Hassprediger in Haft nehmen.‹« Jemand, der an Schneiders befremdlichen Diskussionsstil gewöhnt ist – »Ich rede mit jedem und ich streite auch mit jedem«, zitiert Sarwoko sie fassungslos –, könnte auf diese Stellungnahme sachlich entgegnen, dass islamische Attentate mindestens so häufig von inländischen wie von ausländischen Moslems begangen werden, weshalb die Forderung nach Abschiebung dem Problem nicht beikommt. Gegen das Ansinnen, Apologeten des islamischen Terrors die Möglichkeit der Alltagspropaganda zu nehmen und dafür zu sorgen, dass ihnen im Zuge der von Deutschland initiierten islamischen Massenimmigration zumindest nicht zusätzliche Anhänger zugeführt werden, lässt sich jedoch beim besten Willen nichts einwenden.

Aber um die Sache geht es Sarwoko gar nicht, dafür ist sie viel zu sehr mit Schneiders bravem Habitus beschäftigt, der sie stärker zu faszinieren scheint als der queerste Transen-Look. »Es dauert ein wenig, bis ich mich öffne«, zitiert die *Taz*-Autorin Schneider und schildert Befremdliches: Wenn Schneider bei Parteiveranstaltungen auftritt, »wartet sie geduldig, bis sie an der Reihe ist«, und rückt »das Mikrofon mit leicht zitternder Hand zurecht«; bei politischen Diskussionen auf den Tisch zu hauen, sei »nicht ihr Stil«: »Schneider argumentiert ruhig. Damit ist sie erfolgreich.« Spätestens hier merkt jeder Linke: Die Frau ist gefährlich. Während andere »die großen Reden« schwingen, zieht sie »im Hintergrund die Strippen«. Dass sie sich daran stört, dass »Araber-Clans« das Leben in den Städten bestimmen, kann nur einen Grund haben: »Das AfD-Parteiprogramm hat sie verinnerlicht.« Wenn sie der Ansicht ist, die islamischen Verbände in Deutschland hätten

»Probleme mit dem Fundamentalismus«, liegt das an ihrer mangelnden Naherfahrung mit dem Alltag der Friedensreligion: »Eine Moschee hat sie noch nie betreten.« Und ihr Kulturchauvinismus wird daran greifbar, dass sie im Germanistikstudium lieber »klassische Literatur« lese, statt, wie ihr gegenderter Tutor es möchte, *Fifty Shades of Grey* zu dekonstruieren.

Zwar geben manche von Sarwokos Beobachtungen tatsächlich Anlass zu der Vermutung, dass Schneider das Zeug zur völkischen Borderlinerin haben könnte – sie trinkt aus einem Trinkhorn, in ihrer Wohnung finden sich Folk- und Metal-CDs und an der Wand hängt eine Deutschlandfahne –, doch das stört Sarwoko viel weniger als die Tatsache, dass die Eso-Lesbe überhaupt nicht volksnah rüberkommt: »Wenn sie erzählt, hat man das Gefühl, im Einzelunterricht zu sitzen. Mal ist sie Soziologin, mal Politikwissenschaftlerin.« Mit solchen Strebern ist heutzutage kein Staat zu machen, daher ist es verständlich, dass Schneiders Wahl zur AfD-Landesvorsitzenden »zu einem Shitstorm in der queeren Community« führte, die selbst nichts anderes als eine outgesourcte Staatsagentur ist. Doch nicht einmal die Verunglimpfungen aus dieser Ecke konnten Schneider zur Zivilgesellschaft bekehren: »›Verräterin‹, ›untervögelt‹, ›Kampflesbe‹, solche Worte flogen ihr um die Ohren. Schneider ließ sie an sich abprallen.« Schließlich ist sie schon in der Grundschule so lange gehänselt worden, bis sie irgendwann einem ihrer Mobber »einen übergezogen« hat: »Das härtet ab.« Jugendliche, die regelmäßig von Schulhofblockwarten zu Boden getreten werden, weil sie altklug herumdozieren, statt beim pubertären Hauen und Stechen mitzumachen, können zu gefährlichen Gemeinschaftsschädlingen mutieren, weshalb die queere Community solidarisch anregt, »der Verfassungsschutz« möge die Eigenbrötlerin »gut im Auge behalten«. Schließlich ist sie »offen lesbisch und hat doch nur ein Thema: den Hass auf den Islam.«[1]

Dass es durchaus plausibel sein könnte, den Islam zu hassen, *weil* man offen lesbisch ist, kommt Leuten nicht in den Sinn, denen der Wunsch nach bürgerlicher Normalität an sich bereits als staatsfetischistisch, nationalistisch, sexistisch und rassistisch gilt. Die Buntheit und Vielfalt, als deren authentischer Ausdruck ihnen gesellschaftliche Verhältnisse erscheinen, die jeder ethnifizierten Horde erlauben, zufälligen Mitmenschen die eigene kulturelle Identität aufzuherrschen, sehen sie durch Spießerschwuchteln bedroht, die sich in ihrer Mittelstandsexistenz eingerichtet haben und, seit die tägliche Diskriminierung sie nicht mehr zum rohen, unverbindlichen und (zumindest für Schwule) gefährlichen Sex in versifften Underground-Clubs zwingt, durch ihre Trägheit der multikulturellen Volksmoral schaden. So weiß das queerfeministische *Missy Magazine* über Alice Weidel, die gleichfalls lesbische Spitzenkandidatin der AfD für die Bundestagswahl 2017: »Weidel stammt aus Mittelschichtsverhältnissen, promovierte mit einem Stipendium der Konrad-Adenauer-Stiftung und arbeitete danach bei Goldman Sachs und Allianz Global Investors. Sie arbeitete sechs Jahre in China, bevor sie sich als Unternehmensberaterin selbstständig machte und an den Bodensee zog. *Weiß* und reich kann sie sich den Luxus leisten, ihre sexuelle Identität unproblematisch zu finden, ist privilegiert genug, sie ins ›Private‹ zu verbannen.«[2] Bewunderns- und nachahmenswert an der Frauen- und Homosexuellenfeindlichkeit islamischer Zwangsverbände wäre dieser Logik zufolge gerade, dass sie die Privatisierung des Sexuellen nicht zulassen, als sündhaft erachteten Menschen keinerlei Schutz gewähren, ja sie der Ermordung preisgeben und es den ihnen Unterworfenen unmöglich machen, die eigene Sexualität jemals »unproblematisch zu finden«.

Sexualität, so die Quintessenz solcher queer-homophoben Propaganda, *muss* problematisch sein, muss sich als nie befriedeter

Kampfplatz minoritärer Cliquen darstellen, muss permanent erlitten und erfochten, darf aber niemals einfach nur glücklich erlebt werden. Das nämlich wäre »Luxus«, Resultat unverdienter Privilegien und daher politisch inopportun. Kein Wunder also, dass »eine blonde große Unternehmensberaterin aus gutem Hause [...] keine Gemeinsamkeit entwickeln will mit Queers of Colour, Transpersonen, wirtschaftlich Abgehängten.« Wer weiß und reich am Bodensee herumliegt, gehört zu den Schmarotzern statt zu den Kämpfern und taugt nicht für queersolidarische Mobilisierungen. Nur wer die Differenzierung von Sexualität und Gewalt nie vollzogen hat, jenen »Luxus«, durch den Lesben wie Schneider und Weidel korrumpiert sind, ist potentieller Adressat queerer Politik. Deren Verfechter aber sind schon lange nicht mehr die minoritären Gruppen, zu denen sie sich stilisieren, sondern die Lautsprecher einer gegen bürgerliche Zivilität, Rechtssicherheit und Rechtsgleichheit agitierenden Mehrheitsmoral. Ihre dreistesten Popularisierer sind die Kabarettisten, die sich hierzulande dadurch auszeichnen, dass sie Konformismus und Idiotie der Landsleute nicht etwa parodieren, sondern mit moralischer Verve auf die Spitze treiben. Einer von ihnen ist der »Extra 3«-Moderator Christian Ehring, der am 27. April Weidels gegen antirassistische und antisexistische Sprechverbote gerichtete Aussage, die »politische Korrektheit« gehöre »auf den Müllhaufen der Geschichte«, mit den Worten kommentierte: »Jawohl. Schluss mit der politischen Korrektheit, lasst uns alle unkorrekt sein. Da hat die Nazi-Schlampe doch recht.« Ein von Weidel eingereichtes Unterlassungsbegehren lehnte der NDR mit der Begründung ab, Ehring habe mit seiner »satirischen Überspitzung« keineswegs Weidel »persönlich« beleidigt, sondern nur demonstriert, dass »ohne politische Korrektheit die Beschimpfung von Menschen wieder salonfähig werden könnte«.[3]

Mit seiner Begründung hat der Sender deutlich wie selten zum Ausdruck gebracht, worin queerfeministische Frauen- und Homosexuellenverächter sich mit der Volksmehrheit einig sind. Oberstes Ziel politisch korrekter Sprachpolitik ist demnach nicht, justitiable Tatbestände wie Beleidigung, Verleumdung und Diffamierung zu sanktionieren, sondern dem imaginären Delikt der »Beschimpfung« vorzubeugen, einem performativen Akt, den zwar kaum jemand als angenehm empfindet, den aber nur notorisch beleidigte Moslems als nie wieder gutzumachende Ehrverletzung am liebsten per Lynchmord gerächt sehen wollen. In Wahrheit bedeutet die Möglichkeit der öffentlichen Beschimpfung von politischen und sonstigen Opponenten, die von der bürgerlichen Rechtsordnung in begrenztem Rahmen explizit geschützt wird, einen nicht zu unterschätzenden Fortschritt gegenüber Zuständen, in denen missliebige Sippenmitglieder kurzerhand ermordet, verstümmelt, an den Pranger gestellt oder verstoßen werden. Eine Politik im Dienst von Vielfalt und Differenz jedoch, die nie etwas anderes ist als eine Politik im Namen des Islam, muss danach trachten, die allzeit traumatisierende »Beschimpfung von Menschen« im Namen von Kultursensibilität zu unterbinden, und sei es um den Preis, dass die zu diesem Zweck erlassenen Respektbekundungsanweisungen das Verunglimpfen, Jagen, Vergewaltigen und Anzünden von Menschen im Namen der Tugend begünstigen.

Nazi-Schlampen und Vorzeigehomos

Auf Schneiders Facebook-Seite beteiligten sich schon vor der von Ehring ausgerufenen politisch korrekten Schlampenjagd Linke aller Couleur mit Postings wie »Bei Nazis darf man Fotze sagen«, »Ich finde es widerlich, wenn eine offensichtlich minderbemittelte Lesbe ihre Fresse aufreißt«, »Ich bin soooooo verdammt froh, dass du AfD-Lesben-Fotze keinen Nachwuchs zeugen kannst« und »Welche vernünftige Frau würde dich freiwillig anfassen?« an der zivilgesellschaftlichen Konsensfindung. Ein »Deeskalationsbeauftragter« von »Die Partei« aus Münster brachte sich mit dem schwer ironischen Beitrag »Vielleicht war Hexenverbrennung doch nicht so ne schlechte Idee« in die Debatte ein.[4] Symptomatisch sind solche Wortäußerungen, weil sich in ihnen das im Alltag mühsam gebändigte Unbewusste einer Szene ausspricht, die sich nichts dringlicher wünscht, als unter dem Alibi moralischer Superiorität genau das zu tun, was heutige Rechtspopulisten zum Bedauern von Antirassisten und Antisexisten immer seltener, moslemische Jungmänner dagegen wie selbstverständlich fertigbringen: Frauen »Fotzen« nennen, Minderbemittelte zusammenschlagen, Fortpflanzungsverbote für Volksschädlinge fordern und ohne Angst vor Sanktionen Menschen in Brand setzen.[5] Die Nazis, nach denen antinationale Linke mit immer geringerem Erfolg die Außenwelt absuchen, befinden sich in ihrem eigenen Milieu und unter ihren Lieblingsschützlingen, den Daueropfern von Rassismus und Islamophobie.

Auffällig ist der identitätspolitische Wahn, der sich den Diffamierungen von Schneider und Weidel durch queerfeministische Homosexuellenfeinde ablesen lässt. Dass die AfD wie Teile der CDU/CSU gegen ein Adoptionsrecht für Homosexuelle eintritt und homosexuelle Lebenspartnerschaften juristisch nicht der Ehe gleichstellen möchte, müsste es Queerfeministen zufolge Leuten wie Schneider und Weidel eigentlich von vornherein unmöglich machen, sich in der Partei zu engagieren. Wenn sie es trotzdem tun, kann das nur sinistere Gründe haben. In der Online-Ausgabe des *Zeit-Magazin* (26.4.2017) attestierte eine Tanja Witte unter der Überschrift »Andersrum ist auch nicht besser« Alice Weidel denn auch mit ausdrücklicher Berufung auf die Pinkwashing-

Kampagnen gegen Israel und in Bezugnahme auf die antizionistische Queer-Theoretikerin Jasbir Puar »Homonationalismus«. Der basiere »grob gesprochen auf der Annahme, dass der Islam unsere Frauen und unsere Homos hasst. Wer also gegen den Islam ist, ist für Homosexuelle. *Problem solved.*« Das Problem wäre in der Tat gelöst, wenn das denunziatorische »unsere« aus dem Satz gestrichen würde, das allen Kritikern islamischer Misogynie und Homosexuellenfeindlichkeit pauschal unterstellt, es ginge ihnen um den Schutz des Volkskörpers statt um die Verteidigung universaler Rechte. Die Lüge, die den Rassismusvorwurf gegen jegliche Islamkritik legitimiert, legt zugleich eine weitere Lüge nahe: dass es allen Ernstes möglich sei, für die Rechtsgleichheit Homosexueller *und* für den Islam einzutreten.

Dabei sind Witte die Opfer islamischen Homosexuellenhasses völlig gleichgültig. Sie stört sich vielmehr an den »Vorzeigehomos«, die in den »westlichen Demokratien« mittlerweile das seien, »was die Mattlackierung für den Autofanatiker ist: Ein Trend, an dem man nicht vorbeikommt«. Sichtlich übel nimmt sie der Geschäftsfrau Weidel, dass diese nie mit umgeschnalltem Dildo vor die Tür geht: »Wenn man angepasst lebt, nicht barbusig auf dem CSD tanzt, eine Gleichstellung der Lebenspartnerschaft für überflüssig hält und möglichst normativ aussieht, kann man es durchaus an die Spitze einer Partei bringen, die nichtnormative Lebensweisen im Parteiprogramm ausdrücklich ablehnt, unauffälliges Lesbischsein aber duldet.« Das Idealbild, das solchem Geifer zugrunde liegt, ist das der sinnlos auffälligen und dadurch nicht mehr nur lesbischen, sondern *queeren* Lesbe, die sich ständig über ihre halluzinierte Benachteiligung aufregt, Passanten unaufgefordert ihre Brüste zeigt, für die Homo-Ehe demonstriert, obwohl sie die bürgerliche Ehe als Ausgeburt von Eurozentrismus verabscheut, und umso unnormativer, mithin uncharmanter wirkt, desto bunter sie ihr Leben ausstaffiert. Die Vorzeigehomos dagegen, die den Queerfeministinnen im Weg stehen wie mattlackierte Autos, sollen sich nicht so haben, wenn sie beim Nachhauseweg von islamischen Jugendgangs bedroht oder geschlagen werden. Vielleicht helfen ihnen solche Erfahrungen sogar, künftig weniger angepasst und dadurch adäquatere Vertreter der weltoffensten Nation aller Zeiten zu sein. Ob die an den Vorzeigehomos als anstößig wahrgenommene Nähe zum bürgerlichen Staat und zu dessen Rechts- und Wirtschaftsordnung vielleicht überhaupt nichts mit Privilegien zu tun hat, sondern sich dem wachen Bewusstsein dafür verdankt, dass jener Staat besseren Schutz vor gewalttätigen Übergriffen durch islamische Sturmabteilungen bietet als eine Linke, der Unnormativität wichtiger ist als der luxuriöse Wunsch, nicht ermordet zu werden, eine solche Frage würde nach queerfeministischer Logik nur einer stellen, der selbst wiederum als AfD-Sympathisant zu denunzieren wäre.

Queerer Konformismus

Dass es sich am Bodensee nachweislich schöner lebt als in jeder veganen Trans-WG, dass Unauffälligkeit ein Zeichen von Zufriedenheit sein kann und sogar Alexander Gauland keine Probleme hat, mit Lesben und Schwulen zusammenzuarbeiten, die queerfeministische und andere Linke niemals »freiwillig anfassen« würden – gegen solche einfachen, aber nicht banalen Tatsachen läuft der Queerfeminismus Sturm, seit sich die Anziehungskraft rechtspopulistischer Parteien für Homosexuelle nicht mehr leugnen lässt. In der *Jungle World*, wo man den gegen Weidel gerichteten Vorwurf des Homonationalismus zumindest dann kritisieren darf, wenn man selbst hinreichend unnormativ daherkommt, schreibt die »Geschlechterforscherin und Polittunte«[6] Patsy l'Amour la-

Love: »Die Vorstellung, dass die Homosexuellen mit ›denen da oben‹ unter einer Decke stecken, hat eine lange Tradition in linker wie rechter Politik. Sie hängt zusammen mit der Angst vor einer Verführung zur Homosexualität durch die Homosexuellen, die politisch gewendet nur mit Wahn und Verfolgung beantwortet werden kann.« Allerdings nur, um sofort hinzuzufügen: »Nicht aber die Homosexualität ist die Gewinnerin dieses Spiels, sondern der heterosexuelle Wahnsinn, der sich nicht zuletzt in der queeren Reaktion auf Weidels Kür zur Spitzenkandidatin zeigt: eine hasserfüllte Konzentration auf das Andere an ihr.«[7] Unterstellt wird nicht nur, dass Heterosexualität, da sie immer auch heteronormativ sei, gleichsam von sich aus Homosexuelle diskriminiere, sondern in eklatantem Widerspruch zu den Hasstiraden in queeren Internet-Foren auch, dass sich das queere Ressentiment gegen Weidel auf »das Andere an ihr« konzentriere, und nicht, wie es tatsächlich der Fall ist, auf das, was an ihr *gleich* ist, nämlich der verhassten heteronormativen Mehrheitsgesellschaft entspricht.

Selbstbewusste Homosexuelle dürfen dieser Sichtweise zufolge einfach nicht wie die AfD gegen die Homo-Ehe und gegen das Adoptionsrecht für schwule und lesbische Paare sein, und zwar nicht etwa, weil eine solche Haltung, wie sich durchaus argumentieren ließe, dem bürgerlichen Universalismus widerspricht, sondern vielmehr, weil sie qua sexueller Identität dazu verdammt sind, in derlei Fragen queerfeministische Positionen zu übernehmen. Wer schwul oder lesbisch ist und trotzdem nicht nachschwätzt, was die Queer-Community ihm oder ihr einflüstert, verhält sich unsolidarisch und verdient keine Unterstützung. Doch auch, wer sich nach rechtspopulistischen Abirrungen wieder zur guten Sache bekehrt, erhält allenfalls schmallippigen Zuspruch. Mirko Welsch, der Bundessprecher der Homosexuellen in der AfD war und wegen des fortbestehenden Einflusses völkischer, homosexuellen- und frauenfeindlicher Haltungen in der Partei im vergangenen März wieder ausgetreten ist, dient der queeren Community seither zwar als Sprachrohr für die Forderung, die AfD intensiv durch den Verfassungsschutz beobachten zu lassen. Ansonsten gilt er aber als Gemeinschaftsschädling, weil er sich von »links-grünen Schreihälsen« abgrenzt, gegen Antidiskriminierungsgesetze und geschlechtergerechte Bildungspläne eintritt und den Lesben- und Schwulenverband in Deutschland (LSVD) als Vereinigung »grüner Parasiten« tituliert hat.[8] Eine Formulierung, die freilich nicht darauf abhob, dass Schwule und Lesben sich nicht volksgemäß reproduzieren, sondern anprangern sollte, dass der Verband aus Gründen von Parteiproporz und Konformismus Positionen vertritt, die Homosexuellen unmittelbar schaden.

Unter der Überschrift »Homosexualität und Islam« präsentiert der LSVD auf seiner Internetseite wohlwollend diverses Propagandamaterial islamischer Kulturvereine, in dem der Koran als maßgebliche Rechtsgrundlage herbeizitiert wird, sowie Artikel von »Experten« wie dem *Welt*-Journalisten Alfred Hackensberger und dem schwulen konvertierten *Vorzeigemoslem* Andreas Ismail Mohr.[9] Für Mohr ist die Tatsache, dass der Koran dem Mann Sex nicht nur in der Ehe, sondern auch mit »Sklavinnen« und sozial untergeordneten jungen Männern erlaubt, ein Indiz für dessen Fortschrittlichkeit, da er solcherart über das bürgerliche Modell der monogamen Ehe hinausweise.[10] Und Hackensberger kann sich in einem auf der Verbandsseite verlinkten Text über die sexuelle Libertinage im Morgenland vor Begeisterung kaum halten: »Im 17., 18. und 19. Jahrhundert berichteten bereits Europäer, die den Nahen und Mittleren Osten bereisten, von unverblümten gleichgeschlechtlichen Sexualpraktiken. In einem Ausmaß, dass man annahm, alle Muslime seien von Natur aus bisexuell. In der ottomanischen Türkei trieb man schöne Knaben als Steuer ein und der Sultan hatte seine Lieblingsjünglinge. In den Badehäusern Istanbuls wurde nicht nur gewaschen. Die angestellten Hilfskräfte für Sauberkeit [...] arbeiteten zugleich als Prostituierte. Über die männlichen Badehausaffären gibt es zahlreiche Dokumente über Preisstaffelung, wann, wie und wie oft man die Kunden zum Orgasmus brachte.«[11] Die ottomanischen Zeiten sind leider heute vorbei, aber trotzdem bemühen sich selbst die islamischen Staaten, in denen auf offene Homosexualität die Todesstrafe steht, in der juristischen Praxis um Humanität, etwa indem die »Behörden [...] mit alternativen Bestrafungen, wie Geldbußen, Auspeitschung und Gefängnis über die Runden zu kommen« versuchen. Und anders als im Westen, dessen Homosexuelle so weit heruntergekommen sind, dass manche von ihnen am Bodensee leben, »spüren« schwule Moslems »am eigenen Körper nur zu gut, wie sehr der homoerotische Teil der Geschichte islamischer Kultur noch lebendig ist«.

Unverblümt, brutal und grausam, aber sauber; barbarisch vorbürgerlich und gerade dadurch authentisch: So stellen sich die erklärten Gegner normativen Aussehens ihre gelebte Vielfalt vor, während sie in der Angepasstheit, die sie an unqueeren Homos beanstanden, ganz richtig einen Vorschein jener genuin bürgerlichen Utopie verwirklichter Gleichheit wittern, die sie selber verachten. Wenn Homosexuelle wie Welsch oder Weidel die bürgerliche Ehe und Familie so vehement verteidigen, dass auch deren ausschließendes Moment, die Schlechterstellung homosexueller Partnerschaften, nicht kritisiert, sondern affirmiert wird, hat das seinen Grund wohl nicht zuletzt in der Ahnung, dass die Familie in der bürgerlichen Sexualordnung als Gesellschaftsagentur immer auch Residuum von Individuation gegenüber dem nicht mit ihr identischen Souverän war – weshalb sie Schwulen und Lesben mehr Rechtssicherheit und individuelles Glück verspricht als die vom LSVD als Alternative zur Heteronormativität empfohlene orientalische Sklavenhaltung, in der Sexualität und Gewalt, deren

Auseinandertreten das Modell der bürgerlichen Ehe im Okzident erst ermöglicht hat, unmittelbar identisch sind. In diesem Sinne verteidigt, wer die bürgerliche Ehe und Familie verteidigt, damit stets auch die Homosexuellen, selbst wenn deren Status in dieser Ordnung lange Zeit prekär war.

Stolz und Vorurteil

Die einzige Antwort der willkommensdeutschen Zivilgesellschaft und ihrer antideutschen Ableger auf die von »rechten« Homosexuellen geübte Kritik besteht indessen in der unentwegt wiederholten Behauptung, wer die – natürlich homophobe – bürgerliche Sexualordnung verteidige, sei damit in Wahrheit nicht besser als islamische Frauen- und Homosexuellenhasser. Eine triftige Entgegnung auf solche Anwürfe liegt bereits vor, nur stammt sie nicht aus *Taz* oder *Jungle World*, sondern von der strippenziehenden »Lesben-Fotze« Jana Schneider, die kein linker Zeitungsredakteur freiwillig anfassen würde: »Man kann doch nicht allen Ernstes die Ablehnung bspw. eines Adoptionsrechtes für Homosexuelle auf eine Stufe mit gewalttätigen Übergriffen stellen. Wir müssen weg von Scheindebatten und richtige Homosexuellen-Feindlichkeit thematisieren. Und Feindlichkeit definiert sich über einen Vernichtungswillen, nicht über unangenehme Gefühle. Unsere Probleme sind nicht Leute, die sich vor Schwulensex ekeln, sondern Menschen, die Schwule an Baukränen aufknüpfen würden, wenn man sie ließe, die unverschleierte Frauen als Freiwild betrachten und kleinen Mädchen […] die Genitalien verstümmeln.«[12]

Schneiders Statement ist nicht nur deshalb aufschlussreich, weil der längst in die Behördensprache eingewanderte Homophobie-Begriff auf den Zweck hin durchsichtig gemacht wird, dem er in den allermeisten Fällen dient: dem Ansinnen nämlich, den Unterschied zwischen sexueller Gewalt – also Straftaten – und psychologischen Phänomenen wie Ekel, sexuellen Ressentiments sowie Vorbehalten gegen bestimmte geschlechterpolitische Maßnahmen im Namen einer queeren Politik einzuebnen, die jederzeit für die Ehe für alle, aber nie gegen die islamische Sexualmoral mobilisiert. Die Stellungnahme ist auch deshalb interessant, weil sie eine Binsenweisheit in den Blick rückt, die sich vor lauter Kultursensibilität inzwischen kaum jemand mehr auszusprechen traut: die Tatsache nämlich, *dass Vorurteile nicht gegen die Verfassung verstoßen*, sondern im Gegenteil sogar auf breiter Ebene von ihr geschützt werden. Leute, die Vorurteile gegen Schwule und Lesben hegen, sind sicher unsympathisch, machen den Objekten ihres Ressentiments das Leben schwer und erweisen sich fast immer als unbelehrbar, aber so lange es sie gibt, muss man mit ihnen leben wie mit anderen Idioten des Alltags auch. Gegen sie vorgehen kann man erst, wenn sie beginnen, die Welt praktisch nach Maßgabe des eigenen Wahns zu gestalten und Mitmenschen, die diesem Bild nicht entsprechen, diesem Wahn gemäß formen wollen.

Die Exekutoren der islamischen Herrenmoral jedoch, die zuchtlose Frauen demütigen, Homosexuelle lynchen und Ungläubige massenhaft ermorden, tun das nicht, weil sie Vorurteile haben, sondern zwecks globaler Durchsetzung des unmittelbaren Gewaltverhältnisses, als dessen leibhafte Verkörperung sie sich fühlen. Sie kennen weder Skepsis noch Vorurteil, sondern nur den grundlosen, aber umso aggressiveren Stolz auf die eigene Barbarisierung. Vorurteile zu entwickeln, sind sie im Grunde gar nicht fähig, denn auch Vorurteile setzen eine rudimentär ausgeprägte Ansprechbarkeit durch die Außenwelt, Offenheit für Erfahrungen und Reflexion auf die Differenz zwischen Selbst und Welt voraus, ohne die sie sich gar nicht bilden könnten. In solcher Erfahrungsunfähigkeit sind islamische Herrenmenschen ihren queerfeministischen und antirassistischen Protektoren ähnlich, und das ist auch der Grund für beider Empathielosigkeit und Grausamkeit. Gegen sie wäre eine Welt, in der jeder ohne Angst beschränkt sein darf, unbedingt zu verteidigen.

Anmerkungen

1 Siehe www.queer.de/detail.php?article_id= 26468

2 Alle Zitate aus: missy-magazine.de/blog/2017/05/03/kein-triumph-kein-sieg. Hervorhebung im Original.

3 Vgl.: www.faz.net/aktuell/feuilleton/medien/ndr-weist-unterlassungsbegehren-von-afd-politikerin-weidel-ab-15002300.html

4 Zitiert nach: www.youtube.com/watch?v=JBsYqdhLQzg sowie: www.facebook.com/schneider.oldenburg

5 Bashar K., der jüngste der sieben moslemischen Flüchtlinge, die angeklagt wurden, in der Weihnachtsnacht 2016 »aus Langeweile« im Berliner U-Bahnhof Schönleinstraße einen Obdachlosen angezündet zu haben, wird von der Reporterin der *FAZ* als »sympathischer Typ mit weichen Gesichtszügen und Wuschellocken« beschrieben. Auch die übrigen Angeklagten inklusive des palästinensischen mutmaßlichen Haupttäters sind nach Eindruck des Verteidigers »keine harten Jungs«, sondern »ganz normale Jugendliche«. Vgl.: www.faz.net/aktuell/gesellschaft/kriminalitaet/fluechtlinge-bestreiten-mordversuch-an-obdachlosem-15007663.html. Zur deutschen Sympathie für erklärte islamische Fanatiker passen auch die gewalttätigen Proteste, mit denen Flüchtlingshelfer und Linksautonome in Nürnberg die Abschiebung eines Afghanen verhindert haben, der die Behörden mehrfach über seine Identität getäuscht und zuletzt gedroht hatte, im Falle der Abschiebung zurückzukehren, um Deutsche umzubringen. Infolge dieses Falles hat die Bundesregierung Abschiebungen nach Afghanistan ausgesetzt und darauf verzichtet, den Afghanen in Abschiebehaft zu nehmen. Vgl.: www.welt.de/politik/deutschland/article165147588/Polizei-war-sechs-Mal-beim-Afghanen-zu-Hause.html

6 Siehe die Selbstdarstellung auf: http://patsy.blogsport.de

7 Vgl.: jungle.world/artikel/2017/18/lesbisch-und-rechts

8 Vgl.: www.queer.de/detail.php?article_id=28420

9 Vgl.: www.lsvd.de/homosexualitaet/homosexualitaet-religion/homosexualitaet-und-islam.html

10 Zum Nachhören: www.youtube.com/watch?v= ZYy_Vuooh6U

11 Zitiert nach: www.heise.de/tp/features/Islam-und-Homosexualitaet-3418301.html

12 Vgl.: www.facebook.com/schneider.oldenburg/posts/187703934917646.

Epilog: Frauen von rechts

Im zweiten Jahr nach den massenhaften Übergriffen moslemischer Männer auf Frauen in der Silvesternacht 2015, die keineswegs nur in Köln stattgefunden hatten, befanden die Genderforscherinnen Sabine Hark und Paula-Irene Villa die Anbiederung der deutschen Öffentlichkeit an die Akteure islamischer Landnahme und die freiwillige Selbstgleichschaltung der Medien für fortentwickelt genug, um das Ereignis aus der Perspektive kultursensibler Geschichtsschreibung abschließend zu bewerten. In ihrem Buch *Unterscheiden und Herrschen*, das sie mit angemessener Verdrucksthеit einen »Essay zu den ambivalenten Verflechtungen von Rassismus, Sexismus und Feminismus in der Gegenwart« nannten, spuckten die Judith-Butler-Adeptinnen den Opfern von Vergewaltigungen, Vergewaltigungsversuchen, tätlichen Angriffen und sexistischen Schmähungen jenes Tages, die allesamt unaufgeklärt dem Vergessen überantwortet wurden, lässig konstruktivistisch hinterher, die Frage »nach der objektiven Wahrheit der Kölner Nacht« könne sinnvoll gar nicht gestellt werden.[1] Statt sich mit den Geschehnissen zu befassen, die nur ein epistemisch unbeschlagener Naivling durch die zahlreichen Zeugenaussagen betroffener Frauen für bewiesen halten kann, gelte es, das Datum als »Signatur« und »Chiffre« zu begreifen, die »leer und aufgeladen zugleich« sei.[2] Leer, weil sich nichts Wichtiges ereignet habe, aufgeladen, weil dieses Nichts »als ordnende Kraft [...] Diskurse auch rückwirkend«[3] verändere: durch das Phantasma der »gefährlichen, zu Triebkontrolle unfähigen arabischen bzw. muslimischen Flüchtlinge« nämlich.[4]

Dieselben, die weiße oder sonstwie westlich anmutende Männer, sobald gegen diese ein Vergewaltigungsvorwurf erhoben wird, so lange mobben, stalken und verleumden, bis wenigstens ihre soziale Existenz vernichtet ist, wenn sie sich nicht gleich unter Beifall der queerfeministischen Hetzmeute das Leben nehmen,[5] halten es für eine »kulturessentialistisch, wenn nicht gar rassistisch zu nennende toxische Aufladung«, wenn Frauen angesichts sich in spontaner Bandenbildung organisierender moslemischer Jungmänner von »Sexmob« reden.[6] Seither entscheidet in Deutschland darüber, ob im Fall der Schädigung einer Person eine Straftat vorliegt oder lediglich halluziniert wurde, de facto immer seltener die Justiz in Zusammenarbeit mit Organen der Exekutive, sondern eine antirassistisch, postkolonial und queerfeministisch mutierte Erkenntniskritik, die allen Frauen, die sich gegen das Ausleben islamischer Misogynie im Alltag wehren oder sich zu diesem Zweck womöglich organisieren, in Rekurs auf die britische Islamapologetin Sara R. Farris »Femonationalismus«[7] attestiert.

Wie der schon länger populäre »Homonationalismus«[8] dazu dient, israelfreundliche Homosexuelle als nationalistische Kulturaneigner zu diffamieren, ist der Vorwurf des »Femonationalismus« eine Propagandastrategie zur erst moralischen und dann auch politischen *Ausbürgerung* westlicher Frauen auch islamischer Sozialisation, die die Bürgerrechte, die ihnen dank Hedwig Dohm und ihren Mitkämpferinnen hierzulande inzwischen zukommen, gegen die Suspension durch einen gelebten islamischen Alltag verteidigen. Ganz wie die Frauenrechtlerinnen des 19. und frühen 20. Jahrhunderts unter Berufung auf die Unteilbarkeit der Bürgerrechte ihren Status als freie und gleiche Staatsbürger geltend machten, um das uneingeschränkte aktive und später auch passive Wahlrecht, das gleiche Recht auf Lohnarbeit und das Recht auf körperliche Selbstbestimmung auch innerhalb von Ehe und Familie einzuklagen, lässt sich auf die Erniedrigung von Frauen zu durch Ethnie und Sippe bestimmten Gattungsexemplaren in den sich islamisierenden westlichen Staaten nur antworten, indem der Status der Frauen als Staatsbürger gestärkt und gegenüber denen, die noch keine Bürger sind, offensiv angepriesen und beworben wird – durch genau das also, was Farris und ihresgleichen »Nationalismus« nennen. In Gesellschaften, in denen keine bürgerliche Revolution und keine wenigstens ökonomisch einflussreiche bürgerliche Schicht je den fortschrittlichen Impuls souveräner Nationalstaatlichkeit ins allgemeine Bewusstsein gehoben hat, können sich für eine solche Verwestlichung nur rudimentär Dispositionen herausbilden. Die richtige Antwort auf das Ausleben eines staatsfeindlichen Kulturherrenmenschentums in Köln und andernorts hätte also darin bestanden, jene seien es deutsche oder moslemische Frauen öffentlichkeitswirksam zu unterstützen, die gegenüber den sich präpotent als Nicht-Bürger aufführenden Über-Moslems, die die Großstadt in ein Jagdrevier und ihre Bürger in gehetzte oder hetzende Bandensubjekte verwandeln wollen, die eigene Bürgerlichkeit selbstbewusst als Vorrecht reklamieren. Als Vorrecht, nicht als Gewohnheitsrecht: So wie die Frauenrechtlerinnen des 19. und 20. Jahrhunderts das bürgerliche Recht als *Privileg*, als verzerrte Erscheinungsform dessen erkannten, das es zu sein nur behauptete, und darum seine Verallgemeinerung im Modus der Abschaffung männlicher Gewohnheitsrechte forderten, so müsste heute in westlichen Staaten das islamische Gewohnheitsrecht durch *Verallgemeinerung des bürgerlichen Privilegs* im gesamten Lebensalltag gebrochen werden. Der Vorwurf des »Femonationalismus« gegen Frauen, die die allgemeine Geltung der Bürgerrechte in Deutschland keinem neuen Tribalismus opfern wollen, ist daher Apologie islamischen Herrenmenschentums und Rückfall hinter alles, was Frauenrechtlerinnen seit dem 19. Jahrhundert durchgesetzt haben. Fortschrittlich waren Frauenbewegungen, ob sie sich nun als bürgerlich oder links verstanden, stets als Bürgerrechtsbewegungen; dass der Begriff heute für Anhänger der Klimareligion reserviert ist, ändert daran nichts. Ein Feminismus, der demgegenüber Rechte von Kulturen und Ethnien zum Ausgangpunkt macht, übt Verrat an den Subjekten, die er zu vertreten vorgibt. Dass in Deutschland solchen Bestrebungen anders als in Frankreich innerhalb der Frauenbewegung kaum Kritik entgegenschlägt, hat damit zu tun, dass es hierzulande anders als dort einen fortschrittlichen Nationalismus, eine Konvergenz von Nationalstaatlichkeit und bürgerlicher Freiheit in Form des Republikanismus, allenfalls nur ansatzweise gegeben hat. Weil in Deutschland schon einmal Wirklichkeit wurde, was heute der Islam auf der Grundlage postnazistischer und tendenziell nachbürgerlicher Verhältnisse unter den Vorzeichen von Multikulturalismus und Globalisierung zu realisieren sucht, ist es hier besonders einfach, jeden, der nationalstaatliche Souveränität gegen ihre tribalistische Selbstaufhebung verteidigt, als nationalistisch, virtuell als Nazi zu verleumden. Wie schon einmal, so erhebt sich die »verspätete Nation« (Helmuth Plessner), auf der Grundlage ihrer Verspätung, zur *voranschreitenden* Nation auf dem Weg in die zeitgemäße Barbarei.

Während der Vorwurf des Nationalismus, gern auch in Form des »Rechtspopulismus«, Männer inzwischen gar nicht mehr besonders stark trifft, weil im antirassistisch-queerfeministischen Wachtraum »Mann« und »Nazi« sowieso austauschbar sind, stellen »rechte Frauen« seit der »Flüchtlingskrise« von 2015 zunehmend ein Problem dar. Sie erscheinen dem sich moralisch links fühlenden Bewusstsein als merkwürdige Mutation, müssten Frauen doch wie »People of Colour« und andere Minderheiten das antinational-staatstreue Linkssein sozusagen im Blut haben, weshalb es nur an ihrer jahrhundertelang tradierten konservativ-biederen Sozialisation liegen kann, wenn sie sich nicht von Leuten, die dümmer sind als sie selbst, als »Genossinnen« titulieren lassen wollen. Für ihre nationalistische Degeneration muss es daher erworbene Gründe geben, die sich mit etwas demagogischer Phantasie für jeden Einzelfall auch finden lassen. Einfach ist es bei Ellen Kositza, die mit ihrem Ehemann Götz Kubitschek und sieben Kindern auf dessen »Rittergut« in Schnellroda lebt und sich durch biographisches Reenactment als reichsbürgerliches Burgfräulein – das Ehepaar siezt sich und pflegt Tischsitten wie zu Zeiten Walters von der Vogelweide[9] – von ganz allein so lächerlich macht, dass sich jeder Diffamierungsversuch erübrigt. Etwas schwieriger ist es schon mit Caroline Sommerfeld, die wie Kositza für die *Sezession* schreibt, aber immerhin eine auch von Gegnern gelobte Doktorarbeit über Kant verfasst hat und bei Auftritten mitunter eloquenter rüberkommt als ihre entgeisteten Gender-Opponentinnen. Dass sie mit dem Literaturwissenschaftler Helmut Lethen verheiratet ist, der trotz seiner jahrzehntelang dokumentierten Schmitt- und Jünger-Verehrung immer noch als links gilt, hat die Öffentlichkeit nicht auf die Idee gebracht, nach gemeinsamen Ursprüngen der linken Avantgarde der Weimarer Republik, die Lethen erforscht hat, mit der Neuen Rechten zu suchen, könnte es doch Erkenntnisse zu Tage fördern, die der moralischen Selbstaufwertung hinderlich wären. Stattdessen figuriert Sommerfeld medial als rechte Verseucherin linker Milieus, die ihre Rolle als Gattin und Mutter kompensiert, indem sie lebensreformerische Schulen ans Reich anzuschließen sucht, woran sie durch Anschwärzung gehindert werden müsse.[10] Ein aus anderen Gründen leichter Fall ist Orit Arfa, die nicht nur für die *Jerusalem Post* und die *Achse des Guten* schreibt, sondern ohne Angst auf AfD-Parteitage geht, um die pauschale Rubrizierung der Partei als judenfeindlich lächerlich zu machen.[11] Arfa ist Trump- und Netanjahu-Anhängerin, also ein lebendes Beispiel dafür, dass die wurzellosen Kosmopoliten nach Gründung ihres eigenen Staates für »rechte« Ideen anfälliger als zuvor sind. Bei Arfa hat die Herkunft leider über das Geschlecht gesiegt, wie an ihrer Anpassung an maskulistische Schönheitsnormen resp. an ihrer unbestreitbaren Attraktivität evident wird. Die antirassistisch sozialisierte Flüchtlingshelferin Rebecca Sommer wiederum, die seit Jahren vor der Verniedlichung jungmännlicher islamischer Neuankömmlinge durch unterstützende Sozialpädagogen warnt, lässt sich als politisch traumatisierter Einzelfall verharmlosen, was durch die Panik ihrer Wortäußerungen erleichtert wird.[12] Im Fall von Zana Ramadani, die gemeinsam mit der ebenfalls als irgendwie rechts geltenden Publizistin Antje Sievers auftritt, oder von Laila Mirzo, die in der Bibliothek des Konservatismus in Berlin Vorträge gegen den Islam hält und für die *Junge Freiheit* schreibt, kann man sich mit der Diagnose einer Überidentifikation mit dem autoritären Gastland behelfen, dessen nationalistische Psychotricks naive Ausländerinnen einfach nicht richtig durchschauten.[13] Nur gegen Alice Schwarzer wird weniger, als möglich ist, vorgebracht, weil auch die aufrechteste materialistische Feministin nicht darauf verzichten mag, Schwarzers Gleichsetzung von Burka und Bikini zustimmend zu zitieren.[14] Während westliche Männer sich mit selbstkritischem Tamtam zum Feminismus bekehren müssen, damit sie vom Zivilgesellschaftskartell das Wort erteilt bekommen, gelten westliche Frauen, die mit solchem Kasperletheater nichts zu tun haben wollen, als bedauernswerte Pflegefälle, deren toxische Ausdünstungen von ihren weltklügeren Schwestern schmallippig übergangen werden.

Wahrhaft toxisch ist die Politisierung von allem, was auch nur entfernt an die Lust und den Sexus als ihr somatisches Korrelat erinnert. Lust und Glück sollen nur noch möglich sein um den Preis vorab geleisteter geistiger und sinnlicher Versagung, wie sie sich in der Einwilligung in den gender- und kultursensiblen

Sprachkonsens und seinen Kodex des Anstößigen und Unanstößigen manifestiert. Dass man einem Menschen nahe sein kann, der politisch nicht zu einem passt, dass der durch keinen sozialen Umbruch je aufzuhebende Widerstreit zwischen Begehren und Interesse, Sehnsucht und Bedürfnis den Leuten zu Bewusstsein kommen könnte – solche Ideen, die in den Sechzigern aus einem hohlen Idealismus heraus für revolutionär galten, stehen mittlerweile im Verdacht der Konterrevolution. Darin gibt sich die verdrängte Einsicht zu erkennen, dass Begehren, ja die libidinöse Besetzung von Objekten an sich, nicht der archaische Impuls ist, den die Protagonisten der »sexuellen Revolution« darin sehen wollten, sondern ein noch ziemlich junges Produkt der Zivilisationsgeschichte. Menschen, die liebend einander verbunden sind, nicht auf die geschlechterpolitische Performance ihrer Beziehung hin zu prüfen, zeugt von Höflichkeit; auf das zu achten, was jemand sagt, statt gesinnungsdienstlich den zu mustern, der es sagt, von Zivilisiertheit. Die Verkehrsformen, in denen derlei Verhaltensweisen sich kodifiziert haben, sind die des Bürgertums und keine sonst. Deshalb konnte der Sexus in seiner sozialen wie in seiner Gesellschaft transzendierenden Bedeutung erst von der zu Recht als bürgerlich qualifizierten Psychoanalyse entziffert werden; deshalb kann die »Frauenfrage« erst auf der Basis durchgesetzter Bürgerlichkeit angemessen gestellt werden. Deshalb zerfällt mit der bürgerlichen Gesellschaft auch der Gegenstand solcher Diagnose: das in seiner Triebökonomie notwendig widersprüchliche Subjekt; und deshalb wird aus dem Geschlechterkampf, der zur Zeit der »Frauenfrage« ein Kampf für die Befreiung der Geschlechter von der in ihnen selbst verkörperten Borniertheit war, ein Kampf gegen die Geschlechtlichkeit. Unter dem neuesten Primat des transnational-volksgesundheitlichen Virenschutzes, der die genannten Phänomene an Trieb- und Sinnesfeindlichkeit, an erpresserischer Nötigung und Alltagsgemeinheit weit überbietet, dürften sich manche antisexistisch und kultursensibel camouflierten Manöver zur Exorzierung des Sexus künftig von selbst erübrigen, weil dessen Präsenz sich »sachlich« zwingender als noch vor zwei Jahren als empirisch beweisbare Gesundheitsgefahr diffamieren lässt. Der wahnhafte Abwehrkampf, den Männer wie Frauen jeder politischen Provenienz inzwischen gegen Aerosole, Tröpfcheninfektionen und unangemessene Umarmungen im Namen einer Un-Gesellschaft führen, in der alle Abstand halten, man nur Leute küsst, die zum eigenen Stamm gehören, und Sozialität so weit wie möglich von ihren körperlichen Trägern rein gehalten wird, ist insofern ein wirklicher Durchbruch: ein Umschlag, der lange virulente gesellschaftliche Tendenzen zu sich selber kommen lässt, indem er sie als Einzelphänomene negativ aufhebt und miteinander verschmilzt. Solange die Verhältnisse so sind, darf jeder, ob Mann oder Frau, dem der Titel »Genosse« verweigert wird, die Degradierung als Auszeichnung verstehen.

Anmerkungen

1 Sabine Hark / Paula-Irene Villa, Unterscheiden und Herrschen. Ein Essay zu den ambivalenten Verflechtungen von Rassismus, Sexismus und Feminismus in der Gegenwart, Bielefeld 2017, 11.

2 Ebd., 9.

3 Ebd.

4 Ebd., 42.

5 Im Dezember 2017 hatte Metoo eine Kampagne gegen den Leiter des Stockholmer Stadttheaters, Benny Fredriksson, wegen angeblicher sexueller Übergriffe männlicher Schauspieler an seiner Bühne begonnen. Fredriksson trat zurück, die Stadt setzte eine Untersuchungskommission ein. Obwohl sich Mitarbeiter des Theaters über den autoritären Führungsstil und ihre Arbeitssituation beklagten, konnten für von Fredriksson begangene oder geduldete sexuelle Belästigungen keine Anhaltspunkte gefunden werden. Im Frühjahr 2018 nahm Fredriksson, dessen Reputation unwiderruflich zerstört war, sich das Leben. Die Bloggerin Cissi Wallinn leugnete jede Verbindung der #MeToo-Kampagne mit dem Suizid und meinte, Fredrikssons eigene Familie wisse wahrscheinlich nicht, weshalb er sich umgebracht habe. Vgl.: taz.de/Berichte-ueber-Belaestigung-in-Schweden/!5493181.

6 Hark / Villa, a.a.O., 89.

7 Sara R. Farris, In the Name of Women's Rights: Femonationalism, Durham 2017.

8 Jasbir Puar, Terrorist Assemblages. Homonationalism in Queer Times, Durham 2017.

9 Vgl.: www.faz.net/aktuell/politik/inland/zu-besuch-bei-goetz-kubitschek-14180792.html.

10 Eine Wiener Waldorfschule befand die Kinder von Sommerfeld und Lethen wegen der politischen Orientierung der Mutter im Herbst 2018 für untragbar in ihrer Einrichtung. Vgl.: www.faz.net/aktuell/feuilleton/debatten/waldorfschule-wien-schulverweis-wegen-neurechter-mutter-15775010.html.

11 Arfa war Gastrednerin bei der AfD: www.youtube.com/watch?v=khir6kchqsM.

12 Vgl. z.B.: diekolumnisten.de/2018/03/02/interview-mit-der-fluechtlingshelferin-rebecca-sommer.

13 Zur Veranstaltung mit Ramadani: www.youtube.com/watch?v=Mp8igQa2DTU. Zu Mirzos Vorstellung ihres Buches *Nur ein schlechter Muslim ist ein guter Muslim* in der Bibliothek des Konservatismus: www.youtube.com/watch?v=7HwjfyInoSc.

14 In dem Beitrag »Nestbeschmutzerinnen« für den von ihr 2018 herausgegebenen Band *Feministisch streiten* übernimmt die »materialistische Feministin« Koschka Linkerhand Schwarzers Gleichsetzung von weiblicher »Verhüllung« (im Islam) und »Entblößung« (im Westen). Necla Kelek und Ayaan Hirsi Ali wirft sie vor, »für patriarchalische Strukturen im Westen unempfindlich« zu sein: Die Naherfahrung von Steinigung und Genitalverstümmelung kann eben auch blind für politische Nuancen machen, und wer unter islamischer Todesdrohung lebt, läuft Gefahr, die Schutzfunktion des bürgerlichen Staates zu fetischisieren. Der Text findet sich auch hier: phase-zwei.org/hefte/artikel/nestbeschmutzerinnen-612.

Postscriptum

Die Texte über Intersexualität, über die Zweite Frauenbewegung, über Abtreibung und Behinderung, den Bonner Vergewaltigungsfall sowie über Frauen in der AfD sind zuerst in der *Bahamas* (80/2018, 78/2018, 81/2019, 77/2017, 78/2017) erschienen. Der Text über Mode und Geschlecht wurde in leicht veränderter Form im *Extrablatt* (5/2009) veröffentlicht, der über Polyamorie und Emocore beruht auf einem in *Kunst, Spektakel und Revolution* (2/2012) erschienenen Essay. In das Kapitel »Lächerliche Geschlechter« sind Überlegungen eingegangen, die in der *Jungle World* (21/2021, 35/2021) veröffentlicht wurden. Die übrigen Kapitel sind für den Band geschrieben worden. Für Diskussionen und Unterstützung bedanke ich mich bei den Freunden von der *Bahamas*; bei Annika Padoan und der Antideutschen Aktion Leipzig; bei Thomas Maul sowie Moritz Liewerscheidt und Jenny Dam; und bei Lea von Woedtke, mit der ich in der gespenstischen Zeit der Ausgangssperre die Stadt durchstreifen konnte.